若者たちのBC級戦犯裁判
さまよう責任と埋もれた無念

野見山剛
Nomiyama Takeshi
共同通信社記者

dZERO

まえがき

名もなき若者たちが散ったのは、平和が訪れた戦後のことだった。

昭和二十年の敗戦から平成を経て、時代が令和へ移り変わる二〇一九年の春、横浜に赴任した記者の私は、戦争犯罪の裁判記録がほとんど手つかずで残されていることを知った。

「絞首刑《こうしゅけい》を言い渡す」

法廷は死刑判決の嵐だった。旧日本軍の兵士ら千三十九人が起訴され、約一割の百二十三人に極刑が宣告された。

のちに半数以上が死刑から減刑となったものの、五十一人が戦争犯罪人として刑場《けいじょう》の露《つゆ》と消えた。そのうち約七割に当たる三十六人は、私と変わらない二十代や三十代だった。独身者もいれば、妻や幼い子どもを抱えた者もいた。

彼らがいったい、何をしたのか。その存在も、戦犯裁判があったことも忘れ去られて久しい。

太平洋戦争の敗戦まもない一九四五年十二月、日本を占領して横浜に司令部を置いた米第八軍は、横浜地方裁判所を舞台に軍事裁判を開始した。扱ったケースは三百三十一件に上り、一九四九年十月まで約三年十カ月も続いた。一般的に「横浜裁判」と呼ばれる。

起訴された元日本兵らは、BC級戦犯《ビーシーきゅうせんぱん》として「通例の戦争犯罪」に問われた。戦争の法規または慣例の違反で、敵国の捕虜《ほりょ》や占領地の民間人に対する殺害、虐待などを指す。

BC級戦犯を対象とした裁判は、日本国内では横浜が唯一で、戦時中の米兵捕虜に対する虐待が主に裁かれた。

一方、米英などの連合国が東京で開いた極東国際軍事裁判（東京裁判）では、戦争指導者がA級戦犯とされて「平和に対する罪」などに問われた。二十八人が起訴され、審理は二年半に及び、東条英機《とうじょうひでき》元首相ら七人が死刑判決を受け、処刑された。

被告席に大物が並んだ東京裁判に目を奪われがちだが、横浜裁判の方が被告の数は約三十七倍、処刑の数は約七倍も多い。被告の数や審理の期間で見ると、横浜裁判は日本の裁判史上、空前絶後の規模だった。

横浜裁判の結果、一九四六年四月から一九五〇年四月にかけて処刑された五十一人のうち、ある一人は新潟県の俘虜《ふりょ》（捕虜）収容所に、勤務していた。その幼い息子が成長して進学や就職をする際、面識もないのに身元保証人になってくれた人が一人だけいたという。作家の上坂冬子《かみさかふゆこ》の著作によると、それは新潟出身の政治家、田中角栄《たなかかくえい》だった。なぜ彼は世間から見捨てられたBC級戦犯の子どもに人知れず手を差し伸べていたのだろう。私は裁判の実態に興味を引かれた。

裁判記録を読みたいと思ったが、東京裁判と違い、横浜裁判の速記録は公刊されていない。東京の国立公文書館《こうぶんしょかん》や外務省外交史料館に足を運んだが、個人情報保護で被告らの氏名は黒塗りで開示された。一読しても事件の構図や人間関係を理解するのは困難だった。

他方、国立国会図書館には米軍が残した裁判記録がマイクロフィッシュと呼ばれる小さなシートに圧縮保存されており、専用端末の画面で閲覧できる。氏名の黒塗りは皆無だが、アルファベットの文字はつぶれそうなほど小さく、短時間で強度の眼精疲労に襲われた。有料でコピーできるが、一つの事件でも数千ページはありそうだ。

このように横浜裁判の記録はアクセスしにくく、埋もれてしまっていると言っていい。それでも時間をかけて記録を集め、少しずつ読み進めると、どこかで聞いたような光景が繰り広げられていた。米兵捕虜の処刑を命じた旧日本軍の上官は部下に口止めして責任回避を図り、命令に従うしかなかった部下は死刑判決を受けた。法廷の外では戦時中に権力を振るった軍人が逮捕を免《まぬが》れるため逃亡し、組織ぐるみの隠蔽《いんぺい》工作も行われた。

事件の舞台は、北海道から沖縄までの全国各地をはじめ、朝鮮半島、台湾、中国、フィリピン、ベトナム、インドネシア、パプアニューギニアにまで広がる。膨大な裁判記録には、組織と個人をめぐる責任の所在という普遍的なテーマが潜《ひそ》み、今も昔も変わらない日本社会の上下関係や人間模様の縮図が詰まっていた。

序章では、私の亡き祖父の戦争体験が地元の県庁に保管された「兵籍簿《へいせきぼ》」という書類から明らかになった経験を踏まえ、眠ったままの記録を掘り起こす意義に触れたい。

第一章では、米軍による長崎への原爆投下で妻子ら親族七人を失い、自身も被爆した海軍の三十代男性が、米国人の捕虜を虐待死させた罪で死刑になったケースを取り上げる。現場は、現在の長崎県佐世保《させぼ》市が舞台で、本当の加害者は別人だった、「人違い」の可能性を追う。

第二章では、東京・渋谷の陸軍刑務所に収監《しゅうかん》中の米兵約六十人が、米軍の空襲で焼死し、所長や二十代の看守らが避難の責任などを問われて死刑判決を受けたケースを紹介。反戦活動で逮捕され、この刑務所に当時いた元首相の吉田茂《よしだしげる》の動向や関与にも言及する。

第三章では、南太平洋のニューギニアの離れ小島に流れ着いた米兵を殺害した罪で、海軍の三十代男性が死刑になったケースを読み解く。処刑を命じた責任者の現地司令官が戦後いなくなり、残された部下に責任が転嫁《てんか》されていく構図に着目したい。
第四章では、米軍が遺族に返還しなかった戦犯の遺骨の行方《ゆくえ》をたどる。
第五章では、横浜裁判の実態を検証する神奈川県の弁護士の取り組みを報告する。
第六章では、今なお戦犯裁判の記録を黒塗りで開示する日本と、フルオープンの米国やドイツの対応を比較し、情報公開のあり方を考えたい。

平成の終わりに、財務省近畿財務局の職員が上からの指示で決裁文書の改竄《かいざん》を強要され、苦悩の末に自殺したように、官庁や企業などの組織で事実の改竄や捏造《ねつぞう》、不祥事の隠蔽、過労死、自殺、ハラスメントといった事象は絶えることがない。責任が現場や末端の個人に押し付けられる構図も繰り返されることだろう。

もしかすると、横浜裁判は日本社会のありようを映し出す教訓の宝庫かもしれない。無名の若者たちは戦争の時代に旧日本軍という組織の中でどのように生き、なぜ戦争犯罪人とされて命を絶たれていったのか。

私は裁判記録に眠る事実や秘話を追い求め、国会図書館、国立公文書館、外務省外交史料館を巡《めぐ》り、事件が起きた現場へと向かった。

目次

第一章

捕虜虐待事件の真相と過酷な運命

第二章

陸軍刑務所の米兵焼死と五人の被告

第三章

ニューギニアの米兵斬首と悲劇の連鎖

第四章

昭和史の謎、戦犯の遺骨の行方

第五章

今につながる「個人の滅却」と「機械視」

第六章

黒塗りの戦犯裁判記録を追いかけて

若者たちのＢＣ級戦犯裁判
さまよう責任と埋もれた無念

＊肩書は当時もしくは取材時のものです。

＊引用文中、漢字の旧字体は新字体に、歴史的仮名遣い（旧かな）は現代かなづかい（新かな）に改めました。
また、必要に応じてルビを振りました。

＊引用文中の（注・□□□）は筆者によるものです。

序章

消えゆく記憶、消えない記録

祖父が語らなかった戦争体験

亡き祖父が命懸《いのちが》けで戦った若き日々を、私は何も知らなかった。

両親に聞くと、いずれの祖父も戦争体験を語ろうとしなかったという。私が小学生のころ、福岡県北九州市に住む母方の祖父に「じいちゃんは、戦争でどこに行ったと?」と聞こうとしたことがあったが、居間のテレビで相撲を見ていたため、場違いな気がして質問をのみ込んだ記憶がある。

母方の祖父は一九一三年の大正生まれで、太平洋戦争の敗戦を三十二歳で迎えた。戦地でどのような風景を見て、何を考えていたのか。誰と戦い、何を経験し、どのような目に遭《あ》ったのか。今となっては聞きたいことが次から次へと浮かぶが、祖父はそっと胸にしまったまま、二〇〇二年に八十九歳で他界した。

祖父の体験はそこで断絶し、孫の私には一片のエピソードも伝わっていない。

記者になり、三十代に入った私はある時、肉親の戦争体験をたどる手段として、陸軍の場合は本人の本籍地があった都道府県庁に「兵籍簿《へいせきぼ》」という記録が保管されていることを知った。親族なら写しを請求できるという。

とはいえ、敗戦からすでに七十年あまりの月日が流れている。一兵卒《いっぺいそつ》に過ぎなかったはずの祖父の記録など果たして残っているだろうか。

半信半疑だったが、駄目《だめ》で元々だ。福岡県庁のウェブサイトで要領を確認し、担当の部署に電話をかけてみた。応対した職員に必須事項の氏名、生年月日、本籍地を伝えると、「少々お待ちください。確認します」と保留になった。数分だったと思うが、途中で期待が頭をもたげてきて、待ち時間を長く感じた気がする。

「お待たせしました。該当者の記録が保管されています」

驚いた。七十年以上前の書類が廃棄されずに、よくぞ残っていたものだ。

母方の祖父の記録は二枚あり、郵送で写しを取り寄せることができると職員から説明を受けた。費用は一枚につき、たったの十円。私は所定の書類をそろえ、近くの郵便局から投函《とうかん》した。

それから一週間あまりで、返信用封筒が自宅に届いた。

おそるおそる封を開けると、徴兵検査に使う「壮丁《そうてい》名簿」が一枚あり、当時二十歳だった祖父の身長、体重、視力、胸囲などの計測値が並んでいる。

もう一枚は、陸軍に入隊後の履歴を年ごとに記した「兵籍簿」だ。召集された昭和十三年（一九三八年）から敗戦の昭和二十年（一九四五年）までをカバーし、何月何日にどこで何をしていたかが克明に刻まれている。

食い入るように目で追うと、祖父は一九三七年七月に始まった日中戦争に出征していた。日本軍は半年後の十二月十三日、首都の南京《ナンキン》を陥落させる。だが翌十四日、近衛文麿《このえふみまろ》首相は間髪《かんはつ》を入《い》れず、「南京陥落に際しての声明」を出した。

「支那《しな》事変は東亜における一個の悲劇であるが、この種の悲劇を繰り返さぬためには、この際日本は根本的手術を回避してはならぬ。南京陥落は、この意味からいえば全般的な支那問題の序幕であって、真の持久戦はこれから始まると覚悟せねばならぬ」

近衛首相は翌一九三八年一月十六日、「国民政府を対手《あいて》とせず」と表明し、交戦中の蔣《しょう》介石《かいせき》政権と和平交渉を打ち切った。通常なら敵国の首都陥落は終戦につながるはずだが、近衛首相はこれを転倒させて「序幕」と位置付け、「真の持久戦」というレトリックを用いて際限のない長期戦にかじを切った。

日中戦争は泥沼化し、一九三八年十一月、祖父は臨時召集された。歩兵第四十七連隊補充隊の第一機関銃中隊に所属。兵籍簿の特技には「機関銃手」とある。

一九三九年五月十日、独身だった二十六歳の祖父は、門司《もじ》市（現・北九州市門司区）の門《も》司港《じこう》を出発した。一週間後の十七日、長江《ちょうこう》の沿岸に位置する江西《こうせい》省の九江《きゅうこう》に上陸している。昔から交通の要地で、今では世界遺産に指定された名峰《めいほう》の廬山《ろざん》が観光地の港湾都市だ。

九江から安義《あんぎ》に移動し、「付近の警備および戦闘に従事」という記述が二度出てきた。安義で半年を過ごし、十一月に武寧《ぶねい》に着き、輸送や警備に従事して年を越した。翌一九四〇年は湖北省《こほく》へ移り、広水《こうすい》、京山《きょうざん》、武漢《ぶかん》、宜昌《ぎしょう》、当陽《とうよう》、漢口《かんこう》を転戦している。各地で「移動に参加」「攻撃戦闘に参加」「後衛戦闘に参加」「戦闘に参加」の文字が並ぶ。二月から七月までは「武漢付近の警備並びに戦闘に従事」した。新型コロナウイルスの感染が最初に大流行したことで知られる武漢に、祖父は半年間いたのだ。

個々の戦闘の詳細までは分からないが、中国の内陸部で警備と戦闘に明け暮れた日々が読み取れる。運が悪ければ中国で帰らぬ人となっていても何らおかしくはなかった。

だが祖父は十一月に漢口を出発し、十二月に広島の宇品港《うじなこう》に生還した。召集はちょうど二年のタイミングでいったん解除された。二十七歳だった。

「兵籍簿」に刻まれた記録

戦地から戻り、祖父は一九四三年、三十歳で結婚している。だが新婚生活もつかの間だった。一九四四年三月に再び召集され、門司港から今度は南へ向かった。

奄美大島《あまみおおしま》の古仁屋港《こにやこう》に寄り、北大東島《きただいとうじま》を経て、たどり着いたのは南大東島《みなみだいとうじま》だった。沖縄本島の東約四百キロに浮かぶ絶海の孤島だ。今ではＮＨＫの天気予報を見ていると必ず出てくる島だが、太平洋戦争の末期に祖父が南大東島にいたとは思いも寄らなかった。

兵籍簿には一九四五年三月一日と二日、「大東島空襲対空戦闘に参加」とある。だが具体的な記述はないため、『南大東村誌《そん》　改訂』を読むと、三月一日の様子が記されていた。「延《のべ》九六機、五波に及ぶ初の大空襲を受けた。午前七時半頃突然空襲ラッパが鳴り朝食時であったこともあって全員大慌てで洞くつに避難した。午前の第一波は機銃《きじゅうそうしゃ》掃射と焼夷《しょうい》弾《だん》で攻撃、午後は爆弾を投下するといった本格的な攻撃となった」

兵籍簿によると、三月二十一日から「大東島空襲並びに艦砲射撃」とある。島はほぼ毎日のように空襲を受けた。『南大東村誌　改訂』から一部を引用する。

「三月三一日　敵機来襲学校付近爆撃さる」

「四月六日　大爆撃を受く」

「四月一〇日　焼夷弾多数落下」

「四月二二日　不発弾のため将校以下一〇名戦死す」

軍人や島民は洞窟に避難して耐えたが、栄養失調に陥り、熱病が流行した。

四月二十三日から六月九日までは平穏な日々が続く。米軍が沖縄戦に集中したためだろうか。南大東島への空襲は六月十日が最後だった。米軍が断崖絶壁に囲まれた南大東島に上陸することもなく、敗戦を迎えた。

九月八日、南大東島の飛行場に米軍機が降り立った。米軍は武器弾薬の処理を命じ、十月十二日から回収作業を始めた。兵籍簿には「終戦業務に従事」とあり、祖父は武器弾薬の廃棄や引き渡しに携わっていたとみられる。

祖父は十一月二十五日に南大東島を出発し、広島の宇品港に着いた。

祖父の戦争はこうして終わった。広大な中国の内陸部と、太平洋の孤島の南大東島。二つの場所に関連性は見えない。祖父の命は鴻毛《こうもう》より軽く、国家にとってはただの捨て石だったのではないか。

切ない思いに駆《か》られた私は、最も暑い八月を選んで南大東島を訪れた。灼熱《しゃくねつ》の日差しの中、レンタルした自転車で島を巡《めぐ》った。日焼け防止の長袖《ながそで》シャツからはみ出た手首の周辺が、気が付くと黒く焼けている。背丈より高いサトウキビ畑は南国気分を漂わせていたが、孤島の四方に広がる海は望郷の念を阻《はば》むかのように荒々しく、どす黒かった。

高台の海岸から、祖父も見ていたはずの夕日を同じように眺めた。水平線の残照は鮮やかで美しかったが、戦時中に思いを馳《は》せていた私には血の色に見えた。

私は祖父の若き日々を知らなかった自分に愕然《がくぜん》とした。小学生のころ、北九州市の家に遊びに行くと「よう来た（よく来てくれた）」と言ったきり居間でテレビを見ているか、手先が器用で魚のえさを作って自転車で釣りに行くか、その程度の印象しかなかった。

祖父が中国の内陸部で転戦を重ね、南大東島で米軍の空襲に耐え抜いた沈黙の日々が、孫の私の今につながっている。

兵籍簿が、私の知らない祖父の人生の空白をよみがえらせた。記憶は継承されなかったが、記録が祖父と私を新たに結びつけてくれた。

広島の宇品港に上陸し、戦後の一歩を踏み出した祖父は、私と同じ三十代だった。

米軍電話帳に吸い込まれ

祖父の兵籍簿を読み、埋もれた記録に価値を見出していた私は、太平洋戦争の敗戦から七十年以上が過ぎた二〇一九年の春、横浜に赴任した。

戦後の占領期、日本に上陸した米軍の主力の第八軍は、横浜に司令部を置いた。マッカーサー元帥《げんすい》が泊まった「ホテルニューグランド」や、執務した税関ビル（現・横浜税関）は職場のすぐ近くにある。

私は歴史の舞台を見て回りながら、建物の外観や内装を鑑賞するだけでなく、戦後日本の原点や裏面史を知りたいと思った。そんな時、米軍の占領行政に詳しい取材先が、とある電話帳の存在を教えてくれた。

古びた電話帳を開くと、敗戦直後の日本とは思えない別世界が広がっていた。

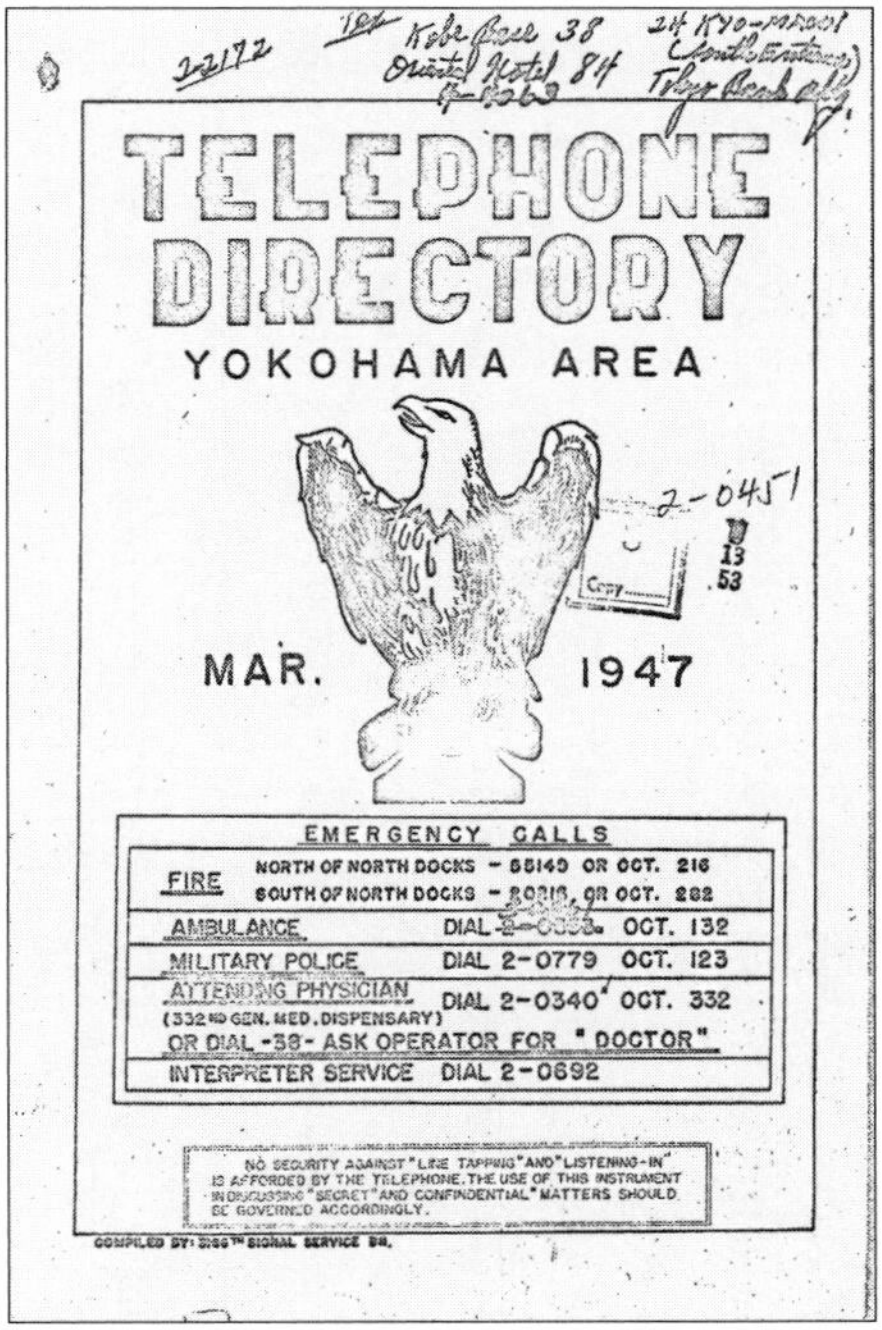

TELEPHONE DIRECTORY

YOKOHAMA AREA

MAR. 1947

EMERGENCY CALLS

FIRE	NORTH OF NORTH DOCKS - 58140 OR OCT. 216	
	SOUTH OF NORTH DOCKS - 50815, OR OCT. 282	
AMBULANCE	DIAL [illegible]	OCT. 132
MILITARY POLICE	DIAL 2-0779	OCT. 123
ATTENDING PHYSICIAN (332ND GEN. MED. DISPENSARY)	DIAL 2-0340	OCT. 332
OR DIAL -38- ASK OPERATOR FOR "DOCTOR"		
INTERPRETER SERVICE	DIAL 2-0692	

NO SECURITY AGAINST "LINE TAPPING" AND "LISTENING-IN" IS AFFORDED BY THE TELEPHONE. THE USE OF THIS INSTRUMENT IN DISCUSSING "SECRET" AND CONFINDENTIAL" MATTERS SHOULD BE GOVERNED ACCORDINGLY.

COMPILED BY: 3186TH SIGNAL SERVICE BN.

米軍電話帳の横浜版、1947年3月刊

所蔵：国立国会図書館／原所蔵：米国国立公文書館

「アイスクリーム宅配サービス　2－4407」
「ビアガーデン　3－2370」
「ハッピーランド・キャバレー　2－0809」

米軍が業務用に作成した横浜エリアの内線電話帳「テレフォン・ディレクトリー」だ。

一九四七年版の表紙には、緊急連絡先として消防、救急、憲兵、医師、通訳の電話番号が並ぶ。「地域コミュニティー」の欄をめくると、米軍専用のパン屋や理髪店、美容品店のほか、映画館の「オクタゴン劇場」や図書館もある。「ルー・ゲーリック球場」「オリンピック・スイミングプール」「ヒルサイド・テニスコート」、体操場の「フライヤージム」、「保土ケ谷《ほどがや》ゴルフ場」などスポーツ施設も豊富だ。海岸沿いには「バンドホテル」が建ち、社交場の「ゴールデンドラゴンクラブ」は、その名称だけで華やかな雰囲気が漂ってくる。

一九四八年版の電話帳では、先述のアイス宅配のほか、コカ・コーラの配達サービス、ドーナツ店やボウリング場など充実さを増している。観光ツアーの事務所もあるから驚きだ。「第一五五ステーション病院」「アメリカンハイスクール」など、病院、学校、教会、郵便局、売店、墓地の案内もある。米国の一つの都市が横浜に出現したかのようだ。

電話帳は東京版、東京近郊版、横浜版、横浜近郊版、京都・神戸・大阪近郊版など地域ごとに作られた。

最初は一九四五年十月のGHQ（連合国軍最高司令官総司令部）の電話帳で、マッカーサー元帥の軍事秘書官のボナー・フェラーズ、民政局長となるホイットニーらの名前が並び、「第一ビル　362」などと記されている。第一ビルとは東京・日比谷の「第一生命ビル」を指す。

電話帳は施設や所在地を淡々と記しているが故《ゆえ》に、かえって米軍の占領時代のリアルが詰まっている。

占領史研究で知られる東京経済大学名誉教授の竹前栄治《たけまええいじ》は著書『GHQ』（岩波新書）で、GHQの関係者が書いた「正史」より、電話帳の方が正確で「はるかに信頼度が高い」と評価している。

私は電話帳を入り口に、その向こう側に広がる世界に吸い込まれていった。

横浜大空襲の焼け跡と豊かな楽園

米軍の内線電話帳で、横浜のホテルニューグランドの所在地はAアベニューと表記されている。米軍が現在の山下公園通りから海岸通りにかけて付けた名称だ。私は一九四七年版の電話帳に添付された地図や、一九四九年作成の地図「シティマップ・オブ・ヨコハマ」を手に、占領時代のAアベニューをたどって歩いてみた。

まず、一九二七年に開業したホテルニューグランドの前に立つと、向かいの山下公園は占領期に米軍の住宅地と化し、将校用の三角屋根の宿舎が数十棟も建っていた。通りを西へ歩くと、米国領事館や社交場の「コロニアルクラブ」、婦人部隊の宿舎が並んでいた。

現在は北欧料理店「スカンディヤ」などが入り、L字型の外観が目を引く横浜貿易会館は、オクタゴン図書館として使用された。向かいの横浜開港資料館は英国領事館だった。

Aアベニューと日本大通りがT字で交差する現在の「象の鼻パーク」の入り口には「ザコカ・コーラ　エキスポート　コーポレーション日本支社」が事務所を構えていた。三階建てで戦後はキッコーマンビルと呼ばれ、二〇〇〇年に取り壊されている。

歩を進めると、米軍の第八軍が司令部を置いた五階建ての税関ビルが見える。一九三四年に完成し、高さ五十一メートルのイスラム寺院風ドームが特徴だ。

その先の神奈川県警察本部には当時、三菱倉庫横浜支店があった。県警本部の脇《わき》の記念碑には「倉庫は当港唯一の綿花取扱施設として、永く横浜港の発展に寄与した」と刻まれている。米軍はここを第七基地郵便局とし、横浜港に着いた郵便物を全国に配送していた。同じ並びの日本郵船横浜支店は一九三六年に完成し、当時の外観がほぼそのまま残っている。米軍が軍政部を置き、横浜の地方行政をコントロールした拠点だった。

Aアベニューの西の突き当たりは鉄筋四階建ての横浜生糸検査所で、通称「キーケン」と呼ばれた。戦前に重要な輸出品だった生糸の品質管理を担った施設で、米軍はここを診療所や営繕部などとして使った。戦後に解体された後、一部が復元され、現在は省庁の出先機関が入る横浜第二合同庁舎となっている。

米軍がAアベニューの一帯を接収したのは、一九四五年五月二十九日の横浜大空襲で被害を免《まぬが》れたからだ。当時、共同通信社横浜支局の記者だった高橋四郎《たかはししろう》は『回想　共同通信社50年』（共同通信社社史刊行委員会編、共同通信社）で、周囲の焼け跡の様子を記している。「横浜港大《おお》さん橋《ばし》近くの官庁街（神奈川県庁、税関〈米第八軍司令部が接収〉、裁判所、銀行、ホテル、その他）を除き、伊勢佐木町《いせざきちょう》や市内の繁華街、住宅地は焼け野原と化していた。（中略）焼け跡地からは米軍ヘリコプターが離着陸する風景も見られ、街は米軍兵士で膨れ上がっていた。生糸検査所近くにあった横浜支局も戦災に遭《あ》い、やむなく県庁の1室を使用」

空襲で街を破壊され、占領に伴う接収で家を失った日本人は生活に困窮《こんきゅう》した。横浜市史資料室で神奈川新聞をめくると、一九四七年の記事は「バラックに二度目の春　住宅復興すすまず」（二月二十四日付）、「主食・燃料・住宅よこせ　来月一日県民大会ひらく」（同二十七日付）などと伝えている。

一方、同じ資料室で米軍の準機関紙「スターズ・アンド・ストライプス（星条旗新聞）」を手に取ると、横浜の米軍用のアイスクリーム工場で働くマクベス伍長《ごちょう》に取材した記事を一九四六年三月三日付で掲載していた。

「伍長は製品に自信を持ち、極東では最高のアイスだと主張する。（中略）米第八軍補給部の当面の目標は、この地域のすべての兵士に大盛りのアイスクリームを週に二つ提供することで、この目標はまもなく達成されそうな兆候がある」

横浜大空襲の焼け跡とは対照的に、米軍の接収地には豊かな楽園が広がっていた。

歴史書のような重みを持つ電話帳

「司令官　ウォルトン・ウォーカー中将　税関ビル3階　2－1921」

「補給部　B・ケンドール中佐　野澤《のざわ》屋《や》百貨店5階　3－2651」

「広報　報道担当　T・ブレンダー少佐　税関ビル1階　2－0096」

米軍の内線電話帳の横浜版には、税関ビルに司令部を置いた米第八軍の主な軍人の部署、氏名、階級、所在地、電話番号が網羅されている。

第八軍は陸軍部隊の一つで、当初は東日本の占領を担ったが、ほどなく日本全土を占領下に置いた。のちに朝鮮戦争に派兵され、第八軍は現在、韓国に駐留している。

日本政府に指令を発して間接統治する連合国軍最高司令官総司令部（ＧＨＱ）は東京の第一生命ビルに置かれた。一方、米軍の主力は横浜が本拠地だったのだ。

第八軍の司令官は、一九四六年版と四七年版の電話帳ではロバート・アイケルバーガー中将と記されているが、四八年版ではウォルトン・ウォーカー中将に代わっている。電話帳をたどれば、人事の変遷も分かる仕組みだ。

第八軍の部署は、軍政、補給、歴史、金融、法務、情報・教育、通信、牧師、購買、映画配給、運送、憲兵、医療、防空などきわめて幅広い。

通信サービス部にはこの電話帳の担当者がおり、バレット・ジュニアと記されている。情報部は税関ビルの二階に入り、ラジオ担当をコンドン少佐が務めた。

歴史部（史料部）が税関ビルの五階に置かれ、歴史家の肩書でＷ・ブランケ中佐とある。占領グループ編集者としてスチュアート大尉、占領の歴史担当のライターとしてダントン大尉ら三人が配属されている。

中央購買部は、フィフスストリートと名付けた通りの伊勢佐木町の野澤屋百貨店に置かれ、米兵や家族に飲食などのサービスを提供した。「エース・クッキー工場」の責任者はガレスピー、ボウリング場の責任者はヴァレンテとある。コカ・コーラ社のチーフはレイモンド・スペンサー、ペプシ・コーラ社のチーフはピーター・スティーブンソンが務めるなど、軍人以外の企業関係者も含まれている。

スペシャル・サービス部は県庁近くの開港記念会館に入り、ホテルや娯楽、芸術、図書館などの運営を担った。エンターテインメント担当はレイド、「兵士ショー」の責任者はスチュアート女史と記されている。異国の占領で緊張を強いられ、慣れない生活が長引く米兵に対するサービスが行き届いている。

これらは一例にすぎないが、米軍が日本占領のため組織をいかに構築し、どの部署に誰を配置したかが一覧化されている。電話帳は組織の機構図と名簿の役割を果たし、長い年月を経てその価値は歴史書のように重みを増している。

戦争犯罪課と横浜裁判

米軍の電話帳に並ぶ各部署の中で、私の目は法務部に留《と》まった。部内に戦争犯罪課が置かれ、金融や運送などの実務的な部署とは色合いが明らかに異なる。

法務部は一九四六年版の電話帳に二十人の名前が見えるが、四七年版は五十八人、四八年版は五十三人に拡充されている。四八年版では裁判所を第一法廷から第十二法廷まで使用。弁護士として三十二人を配属し、うち一人はアリス・R・バークという女性弁護士だ。

一九四九年四月版では弁護士が十人に減る一方、再審査の担当に二十六人が連なる。

法務部の陣容は、第八軍が横浜地方裁判所を接収し、戦犯裁判を開いたことを示すものだ。

太平洋戦争は一九四一年十二月八日、日本海軍が米ハワイの真珠湾《しんじゅわん》を攻撃して開戦。四五年九月二日、横浜沖に停泊した米戦艦ミズーリ号で日本が降伏文書に調印して終結した。全権の重光葵《しげみつまもる》外相らがサインした降伏文書には「ここにポツダム宣言の条項を誠実に履行すること」や「現に日本国の支配下にある一切の連合国俘虜《ふりょ》および被抑留者を直《ただ》ちに解放すること」が記されていた。ポツダム宣言は米英中が発した全十三項の降伏勧告で、第十項に戦犯処罰の規定が盛り込まれていた。

「われらの俘虜を虐待せる者を含む一切の戦争犯罪人に対しては厳重なる処罰加えらるべし」

これを受け、第八軍は横浜地方裁判所で、旧日本軍の将兵や捕虜収容所の職員らを捕虜虐待などの「通例の戦争犯罪」を犯したBC級戦犯として裁いた。通称で横浜裁判と呼ばれる。

なお、ひとくくりに「BC級戦犯」と呼ぶのが日本では一般的だが、C級とはナチス・ドイツのユダヤ人虐殺を念頭に置いた「人道に対する罪」を指し、横浜で実質的に裁かれたのはB級戦犯だった。

審理する事件ごとに軍事委員会を招集する裁判形式を採用。委員長（裁判長）と委員（裁判官）、検事と主任弁護人は原則、米国人が占めた。地元の横浜を中心に日本人弁護士も補佐役として弁護に関わったが、弁護方針の主導権はなく、発言力も乏しかった。なお、違法行為をした身内の軍人を裁く軍法会議とは異なり、占領地の国民などを裁くのが軍事委員会だった。

審理の流れは現在の刑事裁判と似ており、起訴状の朗読、罪状認否、検察側の冒頭陳述、検察側と弁護側の証拠調べ、検察側の論告、弁護側の最終弁論、判決という流れだ。現在の法廷審理で山場の一つとされる被告人質問はなく、被告は弁護側の証人として弁護側、検察側、裁判官の質疑を受けるか、被告がまったく発言しないケースもあった。裁判長が各訴因の有罪、無罪を述べ、量刑を言い渡して審理は終わり、判決文は付されなかった。

裁判は敗戦まもない一九四五年十二月十八日に始まる。米軍の準機関紙「星条旗新聞」は同日付で「横浜戦犯法廷が開廷」と報じ、第一号ケースの事前協議が行われた前日の十七日について「灰色の雨が冷え冷えとした横浜地裁に降った」と描写している。それは被告たちの前途を暗示するかのようだった。

扱われた事件は、起訴が取り下げられた四件を含め、計三百三十一件に上る。事件現場

BC 級戦犯の軍事裁判が国内で唯一開かれた横浜地方裁判所（現在、写真上）と、実際の法廷場面（1946 年 1 月 31 日、写真下）。この法廷場面は、福岡県大牟田市の俘虜収容所長・福原勲が死刑判決を受けたケース（第四章と第五章に関連記述）

［下］所蔵：横浜市史資料室／原所蔵：米国国立公文書館

は北海道から沖縄までの全国各地をはじめ、朝鮮半島、台湾、中国（海南島《かいなんとう》）、フィリピン、ベトナム、インドネシア、パプアニューギニアにまで及んだ。

法廷と言えば文明の裁きのようで聞こえはいいが、法廷は形を変えた戦場だった。元日本兵や捕虜収容所の元職員ら千三十九人が起訴され、一九四九年十月十九日に終結するまで百二十三人が死刑判決を受けた。のちに減刑された被告を除き、五十一人が絞首刑《こうしゅけい》となった。

被告のほとんどが無名だったこともあり、日本で類例のない巨大戦犯法廷だった横浜裁判は顧みられることなく、歴史の波間に埋もれた。

社会の縮図としての戦犯法廷

横浜裁判で被告は常に死刑の二文字と隣り合わせにあり、極限状況における人間模様と悲喜劇が繰り広げられた。捕虜の虐待や殺害といった戦争犯罪の責任の所在は、旧日本軍の上官と部下の間で漂流した。日本社会や日本型組織の縮図がそこにあった。

あるケースでは上官が責任回避を図り、部下が巻き添えを食って、四十一人もの被告に死刑判決が出た。一方、上官が責任を背負い、部下全員が死刑を免れたケースもある。その上官は米軍の無差別空襲こそ戦争犯罪だと主張し、法廷闘争を挑んで米軍の責任を指弾した。横浜裁判の各事例は、責任論をめぐる見本市のような様相を呈した。

上意下達《じょういかたつ》の組織で、合法性が疑われる命令を拒否できるのか。上からの命令に従わざるを得なかった部下は免責されるのか。逆に現場の部下の行為に上官はどこまで責任を負うべきか。組織における責任の所在はどこにあり、責任の取り方はどうあるべきか——。

横浜裁判で提示された問いは、時代を経ても古さを感じさせない。

横浜裁判の速記録は公刊されず、関連資料は国立国会図書館、国立公文書館、外務省外交史料館などに分散している。しかも、個人情報保護のため被告らの氏名は一部が黒塗りで開示されるほか、「非公開」や「要審査」の扱いの資料は閲覧自体が困難だ。

それでも米軍が裁判記録を残し、国会図書館などが収集して公開している以上、記録を掘り起こし、時代を超えて継承する余地は残っている。

私の亡き祖父の足跡が一枚の兵籍簿からよみがえったように、人の記憶は消えても、記録は廃棄されない限り消えることはない。

横浜裁判の膨大な記録は何を語るのか。これから三つのケースをひも解いていきたい。

第一章

捕虜虐待事件の真相と過酷な運命

神父に託した最期のメッセージ

横浜裁判の数々の記録を読んだ中で、私が最も衝撃を受けたのは一通の手紙だった。米国人の捕虜《ほりょ》を虐待したBC級戦犯として、死刑判決を受けた元海軍の三十代の男性は、神父に最期《さいご》のメッセージを託していた。

「神父様のお口添えで、私に対する処刑が一日も早からんことをお願い致したいのであります」

男性は米軍が管理する東京の巣鴨《すがも》プリズンに収監されていた。手紙の宛先《あてさき》の神父は米国人で同じ三十代のジョン・ライアン。巣鴨プリズンに教誨師《きょうかいし》として配属され、講話などを通じて受刑者や被告人を精神的にケアする役割を担っていた。

男性は死刑執行までの期間が長引くことを望まなかった。なぜなら、会いたい家族はもうこの世にいなかったからだ。

「私は一九四五年八月九日、長崎における原子爆弾の被害により、慈愛深き父母、いとしき妻子、姉、姪《めい》等七人の家族を同時に失い、自身も永らく病床に臥《ふ》していたものです。現在でも、この影響により常に不健康です」

米軍が八月六日の広島に続いて長崎に投下した原爆で、両親と二十九歳の妻、九歳の長男、六歳の長女、姉とその子どもを失い、自身も被爆した。

もうすぐ家族の命日が近づいていた。

「来《きた》る『八月九日』は亡くなった私の家族の満二周年を迎えるのであります。私は一日も早く神様のみもとへ、そして、家族のもとに昇天したいのであります」

男性は福岡県門司《もじ》市（現・北九州市門司区）の出身で、太平洋戦争中は長崎県にいた。当時、海軍は軍需工場の水源を確保するため、長崎県柚木村《ゆのきそん》（現・佐世保《させぼ》市上柚木町《かみゆのきちょう》）でダムの建設に着手していた。約二百五十人の米国人捕虜を働かせ、二等兵曹《にとうへいそう》の下級下士官《かしかん》だった男性は現場の警備担当だった。ダムは戦時中の一九四四年に完成したが、捕虜のうち五十三人が急性肺炎や栄養失調などで命を落としている。

戦後、被爆の後遺症に苦しんでいた男性は、捕虜虐待の容疑で逮捕された。起訴状には、複数の捕虜を木の棒でたたき、別の捕虜を虐待して死亡に寄与したとある。

米軍の第八軍が横浜地裁で開いた軍事法廷「横浜裁判」では、上官《じょうかん》の指揮官二人、男性、兵長《へいちょう》の計四人が合同で裁かれた。横浜裁判で海軍の軍人が裁かれる初のケースだった。

審理は一九四七年五月二十三日に始まり、六月二日に判決を迎える。たった六回のスピード審理だった。指揮官二人は終身刑、兵長は懲役二十年で、男性だけに死刑判決が言い渡された。

判決後まもなく、男性は日本語で数枚にわたる手紙をライアン神父に送り、早期の死刑執行を望んだ。しかし、米軍は判決を確定する前に、裁判記録のチェックを通じて判決の妥当性を検証する再審査を必ず経たため、手紙を書いてから一年あまりが過ぎた。その間の一九四八年四月、ライアン神父はトラブルに巻き込まれて十九歳の米兵に撃たれ、巣鴨プリズンの近くで非業《ひごう》の死を遂げている。

一九四八年八月二十一日、巣鴨プリズンで男性の絞首刑《こうしゅけい》がついに執行された。穎川幸生《えがわさちお》、三十六歳。

神父への手紙には、捕虜の虐待死をめぐる「真相」がつづられていた。

それは、別の同僚が加害者だったにもかかわらず、横浜裁判で捕虜たちが不正確に証言したことによる「人違い」だった。

いったい、現地で何が起きたのか。

私は佐世保市へ向かった。

事件の現場「相当ダム」

冬に訪れた佐世保市の奥地は寒風が吹きすさび、身を切られる思いがした。

潁川幸生（1946年6月、巣鴨プリズンで撮影）と、
死刑判決後に神父に送った手紙

所蔵：国立国会図書館／原所蔵：米国国立公文書館

私は福岡市の博多駅から特急に乗り、約二時間揺られて長崎県の佐世保駅で降りた。改札を出ようとした際、体格から米兵とおぼしき二人組とすれ違った。週末で二人は普段着だったので、休日に出かけるところなのだろうか。券売機では米国人とみられる子どもたちが楽しそうに話し、駅を出ると腕を組んで歩く黒人のカップルが目に入った。

佐世保市には米海軍佐世保基地があり、二〇二一年時点で約七千人の米軍関係者が住む。弾薬や燃料の貯蔵、艦船の修理といった後方支援が主な任務だ。また、基地には強《きょう》襲揚陸艦《しゅうようりくかん》「アメリカ」が配備されている。有事の際は沖縄の海兵隊員が乗り込み、甲板に最新鋭のステルス戦闘機「F35B」を載せ、前線に出撃するための拠点機能を持つ。

私は佐世保駅前のバス停から、柚木《ゆのき》行きの西肥《さいひ》バスに乗った。作家の村上龍《むらかみりゅう》が通った佐世保北高校や佐世保市役所を通り過ぎ、瀬戸越町《せとごえちょう》の交差点を右折すると、坂を延々と上っていく。乗車から三十分ほどで終点の柚木に着いた。

手配しておいたタクシーに乗り換え、さらに高台を目指す。畑が広がり、ビニールハウスが点在し、車一台がやっと通れるような未舗装の一本道が続く。ベテランに見える運転手はあまり減速せず、私は畑に転落しないかと気が気でなかったが、五分ほどで無事に目的地のダムに着いた。

ダムの周囲には灰色の金網のフェンスが張り巡《めぐ》らされ、佐世保市水道局が「このダムは

現在の相当ダム（佐世保市上柚木町）

大切な水道水源です」と掲示している。フェンスの向こうは草木に覆われているが、隙間《すきま》からダムの堤体《ていたい》の一部が見えた。表面は灰色で、一部が白っぽく変色している。

佐世保市に六つあるダムの一つで、太平洋戦争中の一九四四年に完成した「相当《そうとう》ダム」だ。牟田川《むたがわ》をせき止め、高さ三十四メートル、頂上部の長さ百五十メートル、有効貯水量が四十万立方メートルの重力式コンクリートダムで、ダム湖は「相当池《そうとういけ》」と呼ばれる。

ダムのほとりには、鉄管を模した「殉教者之碑」が建ち、氏名を刻んだ新旧二つのプレートが置かれている。一つは、一九五六年の建立時もので、十四人の日本人と、三十一人の米国人捕虜の名前が刻まれ、氏名不詳が「その他二十三人」とある。

もう一つのプレートは二〇一〇年のもので「相当ダム建設のために命を落とされた米国人の皆様に哀悼の誠をささげ、その功績に心から感謝申し上げます」「この碑には Philip D Eakins 氏並びに関係のお力により確認されました殉職者のご芳名《ほうめい》が刻まれています」と記され、五十三人の米国人捕虜の名前が並ぶ。

フィリップ・エーキンス氏とは、佐世保基地内のテレビ・ラジオ局の記者だった退役軍人だ。外部から情報提供を受けて彼が調査した結果、最初のプレートの三十一人の捕虜は数人を除いて別人で、米国立公文書館の資料から五十三人の氏名を特定した経緯があった。

碑の前では毎年五〜六月に慰霊祭が開かれ、米海軍佐世保基地や自衛隊の関係者らが参

鉄管を模した殉教者之碑（写真上）と新旧プレート（写真下）。相当ダムのほとりにある

列している。二〇二一年の式典では、朝長則男《ともながのりお》市長が「今日、私たちは普通のこととして水道の恩恵を受けているが、祖国を離れ、遠い異国の地で過酷な建設作業に従事され、無念の死を遂げた方々の尊い犠牲の上に築かれたことを決して忘れてはならない」と訴えた。

相当ダムは今も市民に生活用水を供給する重要なインフラだ。命を賭《と》してダムを建設した米国人捕虜や、のちに横浜で裁かれる元海軍二等兵曹《へいそう》の頴川幸生がかつてここにいたのだ。

私は事件現場に立ち、真相を追いかけようと決めた。

弁護人交代の背景

一九四七年五月二十三日午前九時すぎ、横浜地方裁判所の第三号法廷。

「これより開廷します」

裁判長の米第八軍のウィリアム・マッカチオン大佐が第一声を発し、初公判が始まった。

裁判官は五人で構成され、他に中佐二人と少佐二人が陪席裁判官に就いた。ジェシー・ダイチ検事やジョン・マーフィー主任弁護人に加え、補佐役で第一東京弁護士会の我妻源《あづまげん》二郎《じろう》、馬場《ばば》東作《とうさく》両弁護士の姿も見える。被告は元海軍二等兵曹の頴川幸生ら計四人で、いずれも佐世保海軍鎮守府《ちんじゅふ》の相当警戒隊に所属していた。

冒頭、ダイチ検事が被告の起訴理由と起訴事実を示した。ここで我妻弁護士が異例の公判延期を要請した。

「少なくとも三週間以上、延期をお願いします」

その理由は一週間前にさかのぼる。突然、主任弁護人がハレット・フリスビーからマーフィーに事実上、交代したのだ。前年の暮れから担当していたフリスビーは佐世保へ調査に赴《おもむ》き、日本人弁護士と協議を重ねるなど、精力的に準備を進めてきた。しかし、フリスビーは他の被告の審理を兼務して出廷が難しくなったとして、新たにマーフィーが弁護人に指名された。我妻、馬場両弁護士は法廷で、マーフィーと初対面だった。

我妻弁護士らは開廷を前日に知らされ、潁川以外の被告の起訴状を初公判の場で受け取った。日本語に訳し、目を通す時間の猶予を求めたのは当然とも言えた。

「私たち若き日本人弁護士たちは、米国の軍事裁判の方式を学びたいのです。十分な準備時間をいただければ、公平に審理を進めていくことができると思います」

「私は米国の法廷に立つのは初めてです。延期してもらわなければ、弁護士としての義務を果たせません」

我妻弁護士は何度も発言して粘った。だが結局、延期の要請は採用されなかった。

なぜ、主任弁護人を務めるはずのフリスビーはいなくなったのか。判決後に我妻弁護士が語ったところによると、フリスビーは頴川が裁判で問われる起訴事実を事前に知らされ、死刑の可能性が高いと懸念した。そこでフリスビーは頴川の精神異常を理由にして免責に持ち込むしかないと考え、病歴の有無を調べるよう指示し、我妻弁護士は頴川の親族に照会の手紙を出した。それが米軍の検閲に引っかかった。手紙の内容を把握した検察側がフリスビーは適任でないとして「忌避《きひ》したる公算あり」と我妻弁護士は推測している。

我妻弁護士は代理のマーフィーについて「二世通訳の批評は米弁護人中、一番努力の足らぬ人」と不満を漏らしている。ただ、マーフィーは初公判の一週間前に弁護が決まったばかりで、努力するにも一定の限界があったことは否《いな》めなかった。

頴川の訴因は六つある。第一に捕虜のフレッド・ゼーへの殴打、第二にローレンス・ウエディンへの木の棒での殴打と四十五分間の逆立ちの強制、第三にウォルター・トンプソンへの棍棒《こんぼう》での殴打、第四にフランク・バーンズら四人への棍棒での殴打、第五に殴打や虐待で多数の捕虜が死亡したことへの寄与、第六に多数の捕虜への虐待だった。

最も重いのは第五の「多数の死亡への寄与」だが、表現があいまいだった。マーフィー弁護人は「もっと限定的ではっきりさせるべきだ」と異議を唱え、マッカチオン裁判長ですら「捕虜の名前を明示するのが望ましい」と検事に苦言を呈する始末だった。

のちに「多数の捕虜」の表現は、「ベイリーとマイヤー」の二人の死亡に変更される。

法定で被告に起訴事実を認めるかどうかを問う罪状認否で、頴川や他の被告は一様に「無罪です」と否定した。

続いてダイチ検事が冒頭陳述を行い、検察側の証拠調べに移っていった。

ウェーク島で捕虜になり佐世保へ

初公判で検察側の最初の証人は二十八歳の米国人女性、パトリシア・ダイアーだった。

検事「あなたの父親は」

パトリシア「亡くなりました」

検事「どこで亡くなったのですか」

パトリシア「日本の九州です」

検事「私が見せるこの冊子は何だと思いますか」

パトリシア「父親が捕虜になっていた時に書いた日記の写しです」

検事「どこで捕虜になったのですか」

パトリシア「ウェーク島です」

太平洋戦争の開戦の一九四一年十二月八日、日本海軍は米ハワイの真珠湾《しんじゅわん》に加え、ウェーク島を空襲した。島は日本とハワイの間に位置する要衝で、米海軍の拠点だった。

『昭和天皇実録』（第八巻、宮内庁、東京書籍）には十二月八日の欄に、天皇が侍従武官《じじゅうぶかん》から「我が軍のマレー半島上陸、ハワイ奇襲の成功、シンガポール爆撃、ダバオ《ミンダナオ島》・グアム島・ウェーキ島への空襲の戦況につき上聞を受けられる」とある。

ウェーク島には米海軍の基地を拡充するため、民間人の建設作業員が約千百人いた。米アイダホ州の会社などから派遣され、滑走路や関連施設の整備に従事していた。その一人だったフレデリック・ダイアーは日記をつけており、検察側はのちの佐世保での虐待を示す証拠として法廷に提出するため、娘のパトリシアに信憑性《しんぴょうせい》を証言させたのだった。

開戦日にウェーク島にいたダイアーの日記を見てみよう。

「十二月八日　十一時五十分、トンネルを出てバラックに向かっていた時、射撃音が聞こえた。演習だろうと思っていると、頭上に十八機の爆撃機が現れ、三百フィートの高さから機銃掃射を浴びせ、三十四人の軍人と民間人が死んだ。車両二台と滑走路の七機が破壊され、ガソリンタンクは炎上し、操縦士の四人が巻き添えになった。編隊を組んだ正確な奇襲攻撃で、ドイツ軍の爆撃機ではないかと思った」

日本軍は空襲を続け、一九四一年十二月十日から十一日にかけてウェーク島に上陸を試みた。だが米軍は地上の砲台や戦闘機で反撃し、日本軍の駆逐艦《くちくかん》「疾風《はやて》」や「如月《きさらぎ》」を撃沈。日本軍の死者は三百四十人に上り、第一次の上陸作戦は失敗に終わる。真珠湾や東南アジアで連戦連勝の日本軍だったが、緒戦で唯一の敗北がウェーク島での戦いだった。

態勢を立て直した日本軍は、真珠湾攻撃を終えた南雲《なぐも》機動部隊（南雲忠一《ちゅういち》司令長官率いる空母機動部隊）の一部を投入し、十二月二十一日から空襲を再開した。ダイアーは「午前八時五十五分から九時四十分まで、急降下爆撃隊の攻撃。機銃掃射と爆撃で地獄の光景が広がった」と記している。

十二月二十三日、哨戒艇《しょうかいてい》に乗った日本軍の決死隊が上陸、米軍指揮官のカニンガム中佐を捕らえて島を占領した。その結果、約五百人の米兵と約千百人の民間人が捕虜となった。

ダイアーの日記などによると、米兵と七百五十人の民間人は翌一九四二年一月中旬、船で上海《シャンハイ》に向けて出港した。彼らは上海近郊の呉淞《ウースン》収容所に入れられたという。

ウェーク島に残された約三百五十人の民間人の捕虜は滑走路や鉄条網などの整備に従事した。うち約二百六十五人が一九四二年九月三十日に出港、十月十日ごろに横浜港に着く。そこから列車で三回に分けて移送され、約二百人が十月十二日、約五十人が十三日、残りの病人が二十一日に長崎県柚木村へ到着した。

病人だったダイアーらは、神奈川県鎌倉市の大船《おおふな》に一時的に移された。十月二十日の日記に「午前十一時半、横浜郊外の大船。富士山を見る。美しい眺めだ」と記している。翌二十一日には「大阪、神戸を通過し、下関からフェリーに乗った。横浜から三十三時間と三十分で夜九時に??に着いた」とある。佐世保だとは知るよしもなかったのだろう。

日本の海軍省は捕虜の移送先として温暖な九州が良いと考え、海軍の拠点の鎮守府がある佐世保を選んだ。佐世保鎮守府は建築部（のちの施設部）に捕虜の使役先を検討させ、人里離れて住人と接触がなく、一九四一年七月から建設を始めたダムの工事現場に決めた。

戦後の一九四六年に海軍がまとめた報告書によると、「標高約三〇〇メートルの高地」で、「冬季は室外において日中といえども零下二ないし三度に降下することあり」と記している。

南国のウェーク島から捕虜がたどり着いた温暖な九州とは、長崎県の寒冷な山間部だった。

怨嗟の声があふれた虐待証言

第二回公判から検察側の激しい攻勢が始まった。

一九四七年五月二十六日、ダイチ検事は、元捕虜が虐待について証言した宣誓供述書（口供書）を証拠書類（書証）として大量に提出した。

マーフィー弁護人は最初のうちは「異議あり」と唱え、捕虜が医者でもないのに医学的な所見を述べているとして証拠採用に同意できないと反論した。だが、マッカチオン裁判長が捕虜の個人的見解の表明に問題はなく「異議を却下する」と述べると、マーフィー弁護人は早々に観念した。

検事「十番目のジャック・ウォルフの供述書を提出する」
弁護人「異議なし」

検察側の証拠提出は第三回公判の翌二十七日も続き、供述書は五十人を超えた。

検事「五十六番目のケネス・ホールの供述書を提出する」
弁護人「異議なし」

供述書は本来、証言者を法廷に呼び、弁護側が反対尋問して事実関係をただす過程を経て証拠採用に至る。一方的で信憑性に欠ける供述が事実と認定されないようにするためで、伝聞法則（伝聞証拠禁止の原則）と呼ばれる。

しかし、横浜裁判では米国での法廷ルールが厳格に適用されなかった。元捕虜は米国にすでに帰国し、横浜に呼び寄せるのは困難な事情もあったのだろう。

その結果、米国に帰った元捕虜に聴取した供述書がそのまま採用され、大量の「事実」が形成されて厳しい判決が導かれていった。量刑を判断する際の事実認定が正確さを欠いたため、横浜裁判は不公平で勝者の裁きだったとの批判を一部から招くことになる。

供述書では二等兵曹の頴川幸生を現場の責任者とみなし、怨嗟《えんさ》の声があふれた。

「頴川が収容所の警備のトップで、そこで起きた殴打の大半の責任があると思われる」

「頴川はわれわれの最悪の敵で、英語が非常にうまかった」

「頴川は凶暴な性格で、食事の量を減らした。靴もない中、雨の日も働かされた」

しかし、頴川は指揮官でなく、英語が話せず、捕虜の労働には関与しなかった。捕虜にとって日本人の名前は覚えにくく、陰であだ名を付けて呼び、本名を記憶していなかった。

馬場東作弁護士は判決後に「俘虜《ふりょ》の口供書五十数通のどれもが実にあくどい記載に満ちていた」「反対尋問も許されない一方的な口供書はアメリカの世論」と嘆いた。

米第八軍は、百七十五件が裁かれた一九四七年九月までの前半期を対象に「横浜軍事裁判特別研究」をまとめ、捕虜の供述書をめぐる問題点を指摘している。

「急いで作成された供述書の多くは、混乱した記述、伝聞の証拠、不確かな身元確認、法

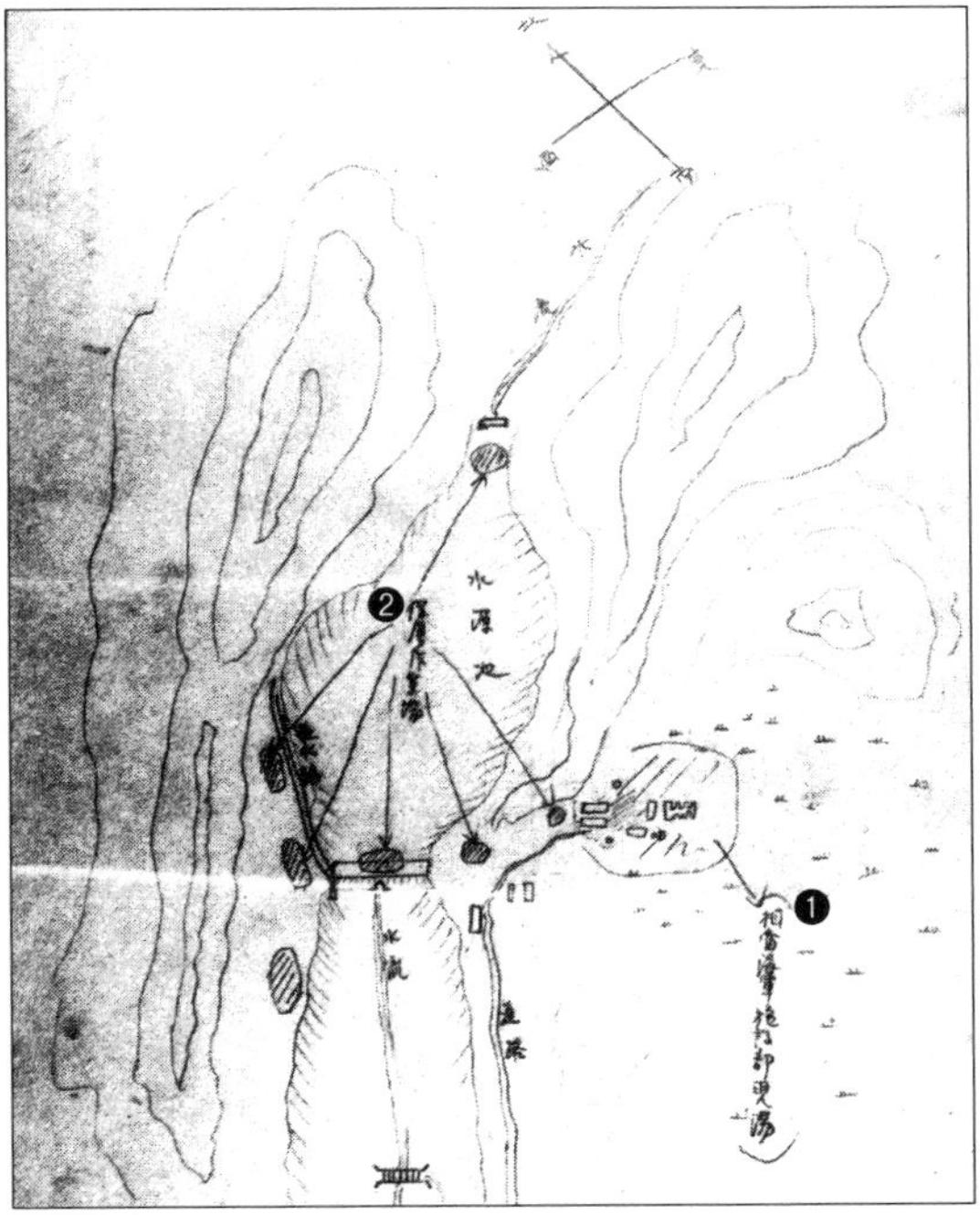

❶相當（当）海軍施設部現場、❷俘虜作業場

捕虜の仮収容所が置かれた海軍施設部と相当ダム工事現場との位置関係

所蔵：国立国会図書館／原所蔵：米国国立公文書館

的な瑕疵《かし》が含まれていた」

捕虜収容所はセメント倉庫

捕虜は収容所に入れるのが通例だが、信じられないことに、セメント倉庫を代用した。元捕虜のゴーマー・ゴンディット（一九一七〜一九九七年）は供述書で「私たちが柚木に着いたとき、収容所はなかった。竹のフェンスに囲まれた古い倉庫があっただけだった」と描写している。

太平洋戦争の開戦後、俘虜収容所令により、収容所は陸軍大臣が設置すると定められた。陸軍大臣の下に置かれた俘虜情報局が、収容所の捕虜の情報を集約し、赤十字国際委員会に報告する決まりだった。

しかし、海軍は捕虜を陸軍に引き渡すと都合よく使えないため、佐世保の場合は正規の手続きを踏まなかった。戦後の海軍の報告書で「俘虜情報局に対する正式通知手続未済のまま仮収容所に収容」「遺憾の点ありしものと認めらる」と率直に記している。

約二百五十人の米国人捕虜が寝泊まりする収容所は存在せず、所長もいなかった。施設の名称もなく、海軍の報告書では苦しまぎれに「相当仮収容所」と表記している。

変則的な環境に置かれた捕虜の待遇は、必然的に劣悪なものとなった。佐世保鎮守府の

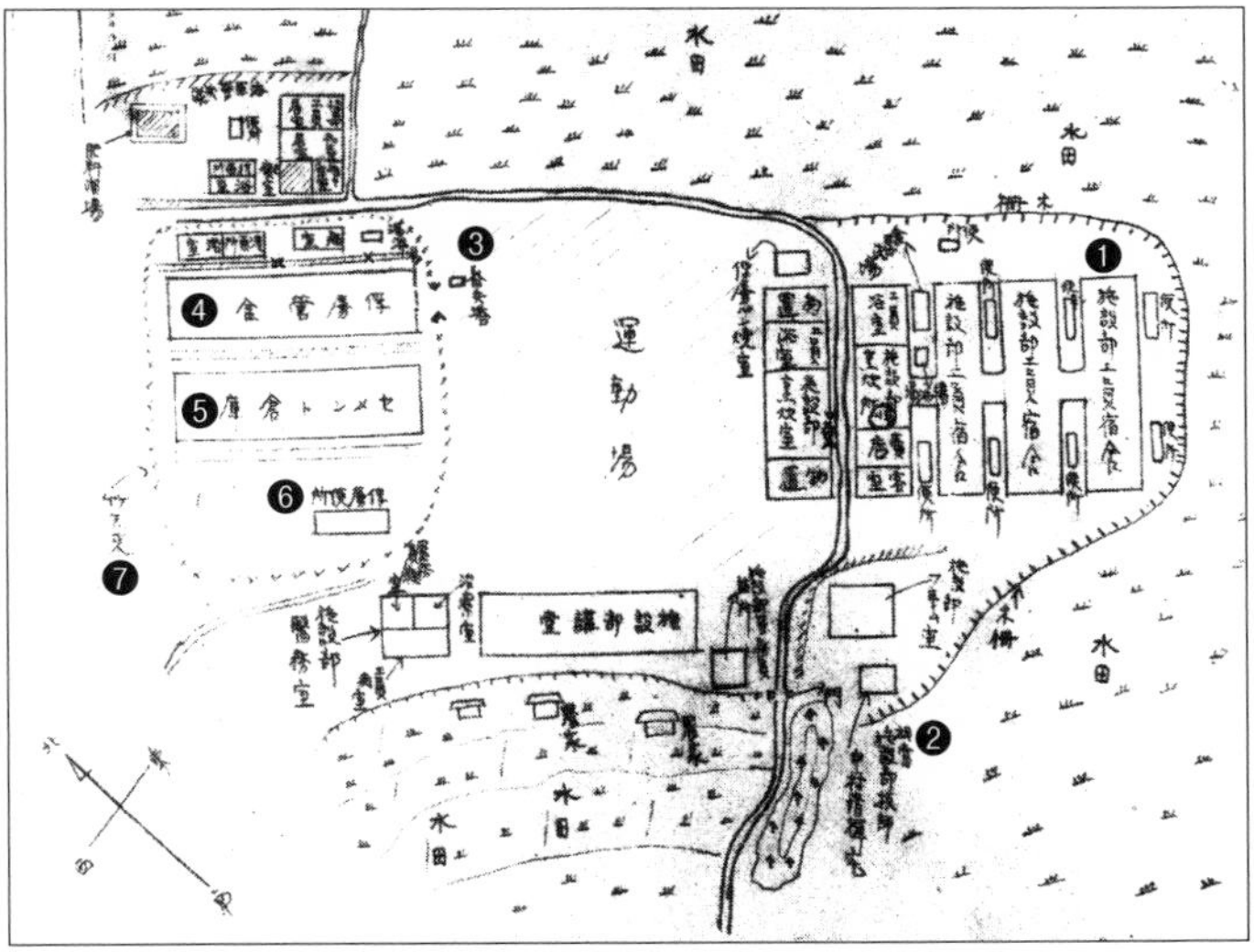

❶施設部工員宿舎　❷相當（当）施設部技師 中村清輝宅　❸番兵塔
❹俘虜営舎　❺セメント倉庫　❻俘虜便所　❼竹矢来

海軍施設部の見取り図。竹矢来に囲まれたセメント倉庫が捕虜収容所に

所蔵：国立国会図書館／原所蔵：米国国立公文書館

建築部（施設部）が木造のセメント倉庫を「改造」したが、床の畳を入手できず、わらを敷いただけだった。板の壁の隙間からは風が吹き込んだ。

ゴンディットは「冬場に暖かさを保つには、毛布を重ねて二、三人が固まって寝るのが唯一の方法だった」と回想している。

海軍の報告書によると、捕虜は二十代もいたが、四十歳以上の中高年が多く、最高齢は七十代だった。佐世保に到着した時点で二十数人が体調不良で、数人は歩行も困難だった。労働は通常、午前七時ごろから午後五時ごろまでだった。セメントや土砂の運搬、採石や重機の操作、水中での作業もあった。ただ、工事が遅れた時期は午後十時ごろまで残業となり、冬の吹雪の中でも作業させた。休日は月に二日だけだった。

約二百五十人いた捕虜のうち、急性肺炎や栄養失調などで五十三人が死亡した。五人に一人の割合で、死亡率は非常に高い。

捕虜だった三十代のハリー・フォースバーグは供述書で「私たちは『死の収容所』と呼んでいた」と述べている。

死亡した五十三人はダムの工事現場から三百メートル弱の段々畑の斜面に、四つの区画に分けて土葬された。戦後の一九四七年十二月、米第八軍の第一〇八墓地登録小隊の派遣部隊が遺体を掘り起こし、第八軍の戦没者部門チーフ宛《あ》てに報告書をまとめている。

遺体は横浜市内の「米軍横浜第一墓地」に移して改葬された。現在地はJRの山手《やまて》駅に近い外国人向けのスポーツクラブ「横浜カントリー・アンド・アスレティック・クラブ（YC&AC）」にあたり、戦後の占領期にあった米軍専用墓地だった。報告書に添付された死亡者リストによると、米軍横浜第一墓地の埋葬場所には「23列　1110」のように列と墓標の番号を振って管理した。遺体を本国に送還するまでの仮埋葬だった。

一九四四年四月にダムが完成すると、捕虜たちは佐世保から九州の別の収容所に移され、終戦を迎えた。元捕虜の供述書によると、福岡俘虜収容所第一分所（福岡市の席田《むしろだ》）に移ったケースが多く、さらに第一分所から第二分所（長崎県香焼村《こうやぎむら》）へ、第一分所から第九派遣所（折尾《おりお》分所・福岡県水巻町《みずまきまち》）へ、第一分所から第二十三分所（福岡県桂川町《けいせんまち》）へ移ったケースなどに大別される。

私は佐世保を訪れた際に「仮収容所」の跡地付近を歩いたが、今は畑になって見る影もなかった。ただ寒風だけが変わらずに吹き抜けていった。

海軍の縦割りの弊害

第三回公判の一九四七年五月二十七日、検察側の証拠提出が終わると、弁護側の証人尋問に移った。弁護側が呼んだ一人目は海軍建築部（のちの施設部）の軍属だった中村清輝《なかむらきよてる》だ。東京帝国大学で建築を学び、相当ダムの工事現場の責任者だった。

現場では建築部と相当警戒隊という海軍の二つの部署の人員が配置され、役割分担していた。弁護側は中村への尋問で、両部署の任務を一つ一つ確認した。潁川幸生ら四人の被告が属した警戒隊の任務はあくまで限定的だったとアピールする戦術だったとみられる。

弁護人「あなたの指揮下に何人の労働者がいましたか」
中村「約六百人で、最大で九百人いました。日本人と朝鮮人でした」
弁護人「建築部は捕虜の衣食住に責任がありましたか」
中村「はい」
弁護人「誰が捕虜を警備していましたか」
中村「相当警戒隊です。約二十人だったと思います」
弁護人「捕虜に対する相当警戒隊の任務は」
中村「捕虜の作業中と、作業後にバラックで過ごす時間帯、そして就寝から起床まで警備に当たっていました」

建築部はセメント倉庫の改修や医務室の整備、衣服、食料、寝具、医療を提供し、捕虜に労働を指示した。

一方、警戒隊は捕虜の管理と戒護《かいご》、嗜好品《しこう》の支給を担当した。戒護とは逃亡や違反行為の防止を指す。捕虜の労働中は周辺を巡回し、夜は逃亡を防ぐ監視に交代で当たった。

中村への証人尋問は、第四回公判の五月二十八日も続いた。同日に弁護側は佐世保鎮守府の参謀だった野村留吉《のむらとめきち》元少将、鎮守府警備隊の参謀だった長光《ちょうひかる》元少佐を証人に呼んだ。両者とも捕虜の衣食住は建築部の担当だと答え、建築部の責任の大きさを際立たせた。

仮収容所という扱いで海軍の予算が付かなかったためか、建築部による衣食住の提供は不十分だった。食事の量は日本人と同等だったが、米食が合わなくて捕虜は栄養失調に陥る。衣服や日用品の支給はほとんどなく、当初は医務室も設置されていなかった。

長光元少佐は戦後の法務省の調査に「セメント倉庫を利用した極めて粗末なバラックに収容されており、少しひどすぎると思った。（中略）改善を奨《すす》めたが、建築部側では『余計なお世話だ』と言わねばかりの態度であった」と述べ、捕虜の死亡について「その大部分は居住施設の不備が原因」と批判している。

警戒隊の指揮官だった男性も法務省の調査に「死亡者を出した主なる原因は施設部（注・建築部）側にあったのに責任は警備《ママ》隊側が全部とらされた結果になっている」と不満

を漏らしている。

米国人捕虜が連れて来られてから一年後の一九四三年十月、海軍は陸軍に、死亡した四十六人を除く二百五人の捕虜を引き渡した。正式に福岡俘虜収容所第十八分所が設置され、陸軍の二十代の池上宇一《いけがみういち》が所長に就く。その後も海軍の相当警戒隊が警備を続けた。収容所の設置から一九四四年四月のダム完成までに、さらに七人の捕虜が死亡した。

海軍の内部や陸海軍の縦割りの狭間《はざま》で、捕虜は劣悪な環境に置かれ続けた。その状況を見るに見かねて動いた人物がいた。

検察側と弁護側との落差

米国人の捕虜たちがダム工事に駆り出されてから一カ月後の一九四二年十一月、海軍の相当警戒隊の一員として潁川幸生が赴任してきた。

佐世保地方復員局が作成した履歴書や潁川の姉の陳述書などによると、潁川は一九一一年、福岡県門司市で理髪師の三男として生まれた。門司は筑豊炭田《ちくほうたんでん》に近く、国が石炭の特別輸出港に指定し、一時は横浜、神戸に並ぶ三大港と呼ばれた。

潁川は門司港駅に近い錦町尋常《にしきまちじんじょう》小学校（現・門司海青《もじかいせい》小学校）に通い、関門《かんもん》海峡を挟んだ山口県の下関《しものせき》商業学校（現・下関商業高校）に進む。だが家計は苦しく、進学校の旧制小《こ》倉《くら》中学（現・小倉高校）に通う次兄の学業を優先し、顯川は中退して家業を手伝った。

二十歳で徴兵検査を受けた後、一九三二年に海軍の佐世保海兵団に入り、新兵教育での成績は首席だったという。巡洋艦《じゅんようかん》「夕張《ゆうばり》」の乗員となり、約三年間の兵役を終えて除隊。その後は、姉の夫が神戸市で営むガラス品の製造工場に勤め、営業を担当していた。

日中戦争が勃発《ぼっぱつ》した一九三七年、二十五歳の顯川は門司で豈子《やすこ》と結婚する。その二年後に再び召集され、上海海軍特別陸戦隊に配属された。軍艦の「安宅《あたか》」「朝日《あさひ》」「出雲《いずも》」に乗り、中国の海南島《かいなんとう》での警備を経て、一九四二年十月に帰国。翌十一月に相当ダムへ配置された。

佐世保の山間部の寒さは厳しかった。「中国のハワイ」とも呼ばれる南シナ海の海南島に直前までいた顯川は熱を出し、二週間以上も体調を崩した。その頃、顯川の妻も肺を病み、兵庫県内の施設に入院した。顯川は妻と文通し、治療費を送り続けた。

日本人弁護士が書き留めたとみられる義母の陳述書には「自分の妻が病気で療養している関係上、特に病人に対して思いやり深くなった」とある。顯川は妻への手紙で病気の捕虜のために果物を求め、義母は妻の名義でリンゴ一箱を送った。顯川から「受け取った果物は全部病人の俘虜に与えたところ大変喜んだので自分も共に喜んだ」と返信が届いた。

相当警戒隊には約二十人が在籍していた。階級別に見ると、トップの指揮官（兵曹長《へいそうちょう》）

の下に上等兵曹がおり、頴川は二等兵曹になったばかりだった。二等兵曹も複数おり、昇級したての頴川の序列は二等兵曹の中で一番下だった。すなわち、下士官《かしかん》（上等・一等・二等兵曹）というくくりでは、頴川が最下級に当たる。なお、頴川の下には階級で言うと、水兵長や機関兵長、一等水兵らがいた。

頴川は手記で、建築部と相当警戒隊の縦割りや、たばこなどの嗜好品だけは警戒隊が支給する役割分担のあいまいさを指摘した。別の手記では「たとえ私一人でも俘虜のため、その待遇改善に努力すべく覚悟したのです」と決意をつづった。

本人の弁によれば、頴川は捕虜用に病室の設置を上官に訴えて実現し、不足する薬の入手に奔走し、米食が合わない捕虜のためにパンの製造を認めさせ、クリスマスに演芸会を催してプレゼントに菓子を配り、死亡した捕虜を埋葬した墓地の清掃を欠かさなかった。

頴川は判決後のライアン神父への手紙に「俘虜の人に名を記憶せられた事は、毎日彼等の不満を熱心に聴いて頻繁に接触したためです。（中略）私は勤務した約一年間、自分の俸給のほとんどは俘虜の人達に薬品やその他の品物を買い与え、自分で使用しておらず（中略）一九四二年の『クリスマス』の夜の楽しい賜物《たまもの》も、また、ずっと続けて催し物（演芸、野球）における賞品等はすべて私一人の自分の所持金でなされたのです。俘虜の墓詣《はかもうで》もするのは私一人」と記している。

弁護側は頴川が待遇改善にいかに尽力したかを立証するため、同僚を証人に呼んだ。

第四回公判の一九四七年五月二十八日、頴川より下位の水兵長だった児玉広《こだまひろし》は我妻源二郎弁護士の質問に、頴川が捕虜の班を編制替えして高齢者と若者を別々にしたことで、高齢の捕虜の作業負担が減ったと説明。頴川の努力でパンの支給も実現したと強調した。

続いて元二等兵曹の高橋優《たかはしまさる》は我妻弁護士の質問に、頴川が指揮官に提案して一九四二年のクリスマスに捕虜の演芸会が開かれたほか、捕虜の残業時は食事の支給を増やすよう頴川が掛け合っていたと答えた。高橋はマーフィー弁護人の質問に、頴川が残飯を食べた捕虜を一度だけ平手打ちしたのを覚えているが、捕虜が体調を崩すのを防ぐためだったと説明している。

検察側が提出した捕虜の供述書にあふれる頴川への批判と、本人の手記や弁護側証人の話にはあまりに落差がある。どちらが彼の実像なのだろうか。

その頴川が証言台に立つ時が来た。

原爆で家族七人を失う

第五回公判の一九四七年五月二十九日午前九時半、弁護側証人という形で頴川幸生は証言台に立った。

まずマーフィー弁護人は氏名、年齢、仕事、住所を確認した上で、身の上を尋ねた。

弁護人「あなたは結婚していますか」

頴川「いいえ」

弁護人「かつて結婚していましたか」

頴川「はい」

弁護人「妻はどうしたのですか」

頴川「戦争中に亡くなりました。原子爆弾が投下された結果です」

弁護人「子どもはいましたか」

頴川「二人いましたが、同様に亡くなりました」

弁護人「両親は健在ですか」

頴川「いいえ。同様に亡くなりました」

佐世保市の相当ダムが一九四四年四月に完成した後、頴川は長崎県香焼村にあった川南《かわなみ》工業の香焼島《こうやぎじま》造船所に配属された。香焼島には福岡俘虜収容所第二分所があり、今度は造船所で働く捕虜の警備に当たっていた。

造船所で通訳をしていた井上実は弁護側の陳述書で、頴川が捕虜の休憩室の採光や換気を良くするため設備の改善を訴えて「警戒隊長以上の誠意を披瀝《ひれき》」しており、「戦争犯罪人として拘置《こうち》されしと聞き、人違いにはあらざるか」と訴えている。

頴川の妻は肺を病んで兵庫県で療養していたが快復し、長女は成長して学齢期に達した。しかし、妻の実家がある神戸市は一九四五年三月十七日に米軍の大空襲を受け、国民学校（小学校）は焼かれた。そこで頴川が住む長崎市内の学校に長女を通わせるため、妻と長女は一九四五年四月、長崎市に引っ越したのだった。

頴川には長男もおり、頴川の両親と共に島根県に疎開していた。両親と長男は一九四五年八月初旬、長崎市に転居した。戦時中はばらばらだった家族が、ようやく同じ土地で暮らすことになったのだ。

頴川の自宅は長崎市竹《たけ》の久保町《くぼまち》にあった。隣には姉と姪も住んでいた。竹の久保町は、キリスト教徒が多い浦上《うらかみ》地区と、浦上川を隔てて隣接している。

そして一九四五年八月九日を迎えた。奇《く》しくも、頴川が生まれ育った北九州市と、居住地の長崎市の運命は入れ替わった。

小倉と長崎、入れ替わった運命

米軍は八月六日に史上初の原子爆弾を広島市に投下した後、一気に日本を降伏に追い込むため、八月九日に二発目の投下を準備した。第一目標は北九州市の小倉にあった西日本最大級の兵器工場「小倉陸軍造兵廠《ぞうへいしょう》」で、予備の第二目標が長崎市だった。

爆撃機B29の乗員は正確に投下するため、当時は精度を欠いたレーダーの使用を禁止され、目標を目視で確認するよう命じられた。B29が飛ぶ高度は約九千メートルで、見下ろす視界は天候に左右される。そこで米軍は、広島に原爆を投下したB29「エノラ・ゲイ」に小倉の気象観測の任務を与え、二発目の投下作戦の尖兵《せんぺい》として小倉に送り込んだ。

エノラ・ゲイは八月九日未明、マリアナ諸島のテニアン島の基地から単機で飛び立った。小倉の上空付近を通過し、午前八時過ぎに小倉の天候を報告している。

当時二十二歳でエノラ・ゲイの乗員だったラッセル・ガッケンバック（二〇一九年に九十六歳で死去）の存在をインターネットで知った私は、彼と親交のある米国人の仲介で、質問状を送った。フロリダに住んでいたガッケンバックは八月九日午前八時過ぎの小倉の気象観測について「小倉に雲や煙の兆候はなかった。だから、視界は良好で目標は狙《ねら》えると報告した」とメールで回答を寄せてくれた。

エノラ・ゲイよりも約一時間遅れでテニアン島を出発したB29原爆機のチャールズ・スウィーニー機長は「朝もやがかかっていると報告してきていたが、小倉ではすぐに快晴が期待できるということだったし（中略）気象条件はかなり良かった」と回想している（『私はヒロシマ、ナガサキに原爆を投下した』原書房）。

原爆機の乗員で投下の責任者だったフレデリック・アシュワース海軍中佐は当日、小倉の雲の量を「およそ十分の三」と報告した（『ティニアン・ファイルは語る』奥住喜重・工藤洋三）。日本の気象庁の定義では、雲量が二割から八割の状態は晴れに当たる。小倉に少量の雲はあったが、晴れていたのだ。

午前九時五十五分、原爆機は小倉に接近して投下態勢に入った。ところが突然、投下を判断する爆撃手のカーミット・ビーハンが叫んだ。

「見えません！　見えません！　煙で目標が隠れています」

乗員のアシュワース海軍中佐が当日に送った報告によると、小倉では正体不明の「若干の『もや』と濃い煙」が発生していた。一回目の投下は中止し、別の角度から二回目、三回目の投下を試みたが「目標は毎回『もや』と煙で見えなかった」という（出典・同右）。

煙の原因をめぐっては、前日に空襲を受けた八幡《やはた》の煙が風向きの急な変化で小倉に流れたとの説がまことしやかに語られている。だが、原爆機が着いた時にはすでに小倉の目標は煙に覆われており、スウィーニー機長ら乗員は誰も煙の移動を目撃していない。

くすぶり続けるのが煙幕説だ。一九三三年に福岡県で生まれ、原爆の調査を続けてきた秋吉美也子《あきよしみやこ》の『横から見た原爆投下作戦』（元就出版社）が煙幕説の嚆矢《こうし》とみられる。

北九州では一九三一年から、陸軍科学研究所（東京）で化学兵器対策に従事した白銀義方《しろがねよしかた》歩兵少佐が指導し、重要施設の八幡製鉄所を上空の敵機から見えないよう煙幕で隠す「発煙遮蔽《しゃへい》」の防空演習を開始した。

大阪毎日新聞の西部毎日版の一九三一年七月十七日付には、八幡製鉄所での防空演習について「百五十の全工場　瞬《またた》く間《ま》に煙幕に包まる」と紹介。小倉兵器製造所（のちの造兵《ぞうへい》廠《しょう》）でも「煙幕班によって放たれた発炎筒はみる間に広大なる同所を見渡す限り煙幕の中に包み込み壮観を呈した」とある。

白銀少佐は「発煙遮蔽及《および》偽装」という一文を発表し、パリやニューヨークなどで煙幕の演習が行われた事例を挙げ、発炎筒や工場の煙突を利用した方法を解説。タイミングや場所の選定、風向きの注意点を記している（『軍事と技術』軍事工業新聞出版局）。

八幡製鉄所から東に七～八キロ離れ、原爆投下の目標となった小倉陸軍造兵廠には「煙幕班」が置かれていた。『小倉陸軍造兵廠史』（小倉陸軍造兵廠同窓会篇・発行）によると、技術課で煙幕班長を務めた柳本百合男が一九三四年の演習で、白色の発煙筒を使って造兵廠を覆ったと回想している。柳本は演習後の報告書で、煙幕を使うと逆に自らの位置を敵機に知られる恐れがあると批判めいたことを書いたため、後々まで人事考課に響いたと嘆いている。すなわち、煙幕の訓練はその後も続いたことが示唆されている。

一九四五年八月九日に煙幕班が妨害工作をしたかは証言を得られていない。だが、八幡製鉄所で働いていた当時十六歳の宮代暁《みやしろさとる》は、八月九日の午前中に空襲警報が鳴り、製鉄所構内でドラム缶に入ったコールタールに点火して「煙幕を張った」と証言している。

米国でも煙幕を疑う向きがある。

私が何度かメールでコンタクトを取った米国人のジョン・コスターマレンは、原爆投下部隊の戦友会に参加し、乗員への聞き取りを重ねてきた。著書『Atom Bombs』で、海軍将校として原爆開発の「マンハッタン計画」に参加したジョン・タッカーが小倉の俘虜収容所にいた米兵から聞いた話を紹介している。収容所そばの発電所から大きなパイプが川まで延び、B29が空襲で飛来すると蒸気が排出され、あたり一帯に立ち込めたという。

コスターマレンは一九九五年、原爆機の乗員だったアシュワース元海軍中佐に会い、八月九日に小倉で煙幕が使われた可能性をただした。

「アシュワースは肯定的に反応して付け加えた。『もし日本人が本当にそれをやっていたら、なんてずる賢い奴《やつ》らだ！』」

日本軍はB29が発する呼出符号のコールサインを傍受《ぼうじゅ》し、動きを捉《とら》えていた。北九州では事前に警戒警報と空襲警報が発令され、市民の多くは防空壕《ぼうくうごう》に避難した。

旧制小倉中学（現・小倉高校）野球部のエースで、甲子園で二連覇した一九三一年生まれの福嶋一雄《ふくしまかずお》（二〇二〇年死去）は私の取材に「あの時は警戒警報が出て、それから空襲警報が出た。私は防空壕に入り、上空を飛ぶB29がちらっと見えた」と語った。

日本軍は撃墜しようと高射砲《こうしゃほう》で反撃を始め、付近の飛行場から戦闘機を緊急発進させた。乗員でレーダー技師のジェイコブ・ビーザーは自著（『Hiroshima and Nagasaki revisited』Global Press）で「数機の戦闘機が緊急発進し、そう遠からず、われわれを探しに来るのは明白だった」と記している。航空士のヴァン・ペルトらは「八幡の西にある芦屋《あしや》飛行場から三機の戦闘機が飛び立った」と振り返る（『The 509th Remembered』509th Press）。

歴史学者の秦郁彦《はたいくひこ》によると、海軍大和田《おおわだ》通信所（現在の埼玉県新座《にいざ》市、東京都清瀬《きよせ》市・東久留米《ひがしくるめ》市）にいた「対米航空班の太田新生《おおたあらお》中尉は、傍受電のコールサインから広島の原爆機と同一任務を持つ機らしいと判断して、所長の森川大佐の部屋へかけつけた。警報はすぐに北九州へリレーされ、芦屋基地からは緒方尚之中尉の指揮する陸軍飛行第五九戦隊の五式戦が、築城《ついき》基地からは海軍二〇三航空隊のゼロ戦が迎撃に離陸した」（『八月十五日の空』文春文庫）という。

原爆機は小倉への投下を断念し、第二目標の長崎市に転じた。

頴川の自宅がある竹の久保町から、わずか一キロの上空で原爆は炸裂《さくれつ》した。父親、母親のクニ、妻の豈子、長男の正哉、長女の節子、姉の鶴子、姪の寿子の計七人が死亡した。

頴川は爆心地から約十キロ離れた香焼村の造船所にいた。捕虜の警備で勤務中だった。

頴川は戦後、長崎市に進駐した米兵相手の土産物屋で働いた。だが体調を崩して仕事を休み、床《とこ》に臥《ふ》す日々が続いた。

山場のない法廷対決

頴川幸生の法廷証言に話を戻す。マーフィー弁護人は頴川に捕虜たちの状況を尋ねた。
弁護人「捕虜の健康状態は」
頴川「よくなかったです。私が任務に就いた時、すでに五十人から六十人の患者がいました。収容された施設はとてもみすぼらしく、十分な衣服もないことに気づきました」
捕虜の労働は残業が常態化し、病気の捕虜が増えることを懸念した頴川は、指揮官に実情を伝えた。指揮官は鎮守府に掛け合い、残業は一時的になくなるが、やがて再開した。

そこで顯川は鎮守府参謀の長光少佐に、残業した分は食料を増やしてほしいと訴え、長が建築部に取り次いだ結果、パンが多く支給されることになったという。

質疑の焦点は、顯川が問われた訴因に移っていく。

第一に元捕虜のフレッド・ゼーへの暴行について、顯川は「巣鴨プリズンに入った後になって暴行を知った。似た出来事を思い出せず、名前を聞いたこともない」と答えた。

第二にローレンス・ウェディンへの暴行に関し、彼の供述書には顯川と別の被告から殴られて歯を三本失い、赤十字の物資も配給されなかったとある。顯川は、殴打の事実はなく、赤十字の物資はそもそも手元に届かなかったと反論した。

第三にウォルター・トンプソンへの棍棒での殴打は、「彼を覚えていない」と否定した。

第四にフランク・バーンズら四人に対する棍棒での殴打について、顯川は当事者のバーンズの供述書には、殴打されたとの記述が一切ないと矛盾を指摘した。

第五にレスター・マイヤーの暴行死で、ある捕虜の供述書に四月二十九日とあるが、昭和天皇の誕生日で勤務外だったとして「私は決してマイヤーを殴っていない」と強調した。

多数の捕虜への虐待という第六の訴因をめぐっては、質疑がなかった。顯川は事実上、罪を否定した。元捕虜の供述書を読み込んで矛盾を突き、強気で反論している。

続いてマーフィー弁護人が「捕虜を殴ったことはあるか」と尋ね、顯川は「はい」と答えた。頴川の説明によると、一九四三年の五〜六月ごろ、赤痢《せきり》のような病気が流行した時期、汚い残飯を隠れて食べていた捕虜を現認した。理由を問い詰めたが本人はあくまで否定したため、棒で尻を三回たたいた。捕虜に病気になってほしくなかったと理由を語った。

また、一九四三年九月ごろ、ダム工事の労働者が宿舎でおよそ十八人の捕虜を殴ってい た。頴川が話を聞くと、飲み水として利用する山水が流れる溝に、糞尿《ふんにょう》でつくった肥やしを捕虜が流し、翌日用の飲み水が得られなくなった。頴川は殴打をやめさせ、代わりに捕虜の体のすれすれまで棍棒を振り下ろして恐怖を与え、怒る労働者をなだめたと説明した。

この後、マーフィー弁護人に代わり、補佐役の馬場東作弁護士が相当警戒隊の構成などを質問した。頴川は着任時に指揮官が一人、兵曹長が一人、下士官が五人、水兵が十四人いたと説明。施設に捕虜収容所の看板はなく、単に相当警戒隊と表記されていたと語った。

質問は検察側に移る。検事はまず捕虜の一日の労働時間を聞き、次に証拠採用されていない頴川の陳述書を持ち出して問いただそうとした。マーフィー弁護人は「異議あり」と反対し、マッカチオン裁判長も疑問視して「被告の主たる訴因は五番目であり、他の質問に時間を使うのは無駄でしかない」と検事に注文を付けた。

検事は頴川に、相当警戒隊の指揮官だった別の被告について、まじめだったかと尋ねた。業《ごう》を煮《に》やしたマッカチオン裁判長は「一人の被告から別の被告の証拠を得ようとしてもまったくの無駄だ。あなたは時間を無駄にしている」と検事を批判した。

その後も検事は、病気の捕虜も運動させられたかと尋ねたほか、顯川が労働者による捕虜の殴打を止めた際に棍棒をぎりぎりまで振り下ろした様子を実演させ、それは棒かバットかと聞いた。顯川は「野球バットは持っていません」と答えている。

検事は中身が乏しい質問に終始し、午後二時二十五分に顯川への尋問は終わった。

裁判長が本丸の第五の訴因、すなわち、ベイリーとマイヤーの虐待死に集中して質問するよう促《うなが》したにもかかわらず、検事は一問も発しなかった。裁判長の前で顯川を問い詰めてアピールする絶好のチャンスなのに、無関係の質問を繰り返したのは不可解極まりない。

前段でマーフィー弁護人が顯川に各訴因をただした際、顯川が元捕虜の供述書を読み込んで反論に出たのを見て、検事は最大の見せ場で直接対決を回避したのではないか。大量に証拠提出した供述書で顯川の虐待を列挙しながら、目の前の証言台に立つ顯川に虐待死をまったく質問しないのは、供述書だけで有罪を揺るぎのないものにする戦術だろう。軍事法廷ではどちらかと言えば検事寄りで、弁護側の異議申し立てを基本的に却下する裁判長が、検事の質問を繰り返し批判する異様な光景は、その可能性を示唆《しさ》している。

スピード審理で死刑判決

裁判はあっという間に終わりを告《つ》げた。一九四七年五月二十三日の初公判から、二十六日、二十七日、二十八日、二十九日の審理を経て、六月二日に判決公判を迎えた。頴川幸生ら四人が被告となった合同裁判の審理は、たった六回だった。

振り返ると、初公判では日記をつけていた捕虜の娘が検察側証人として呼ばれ、第二回で検察側の証拠提出が行われた。第三回で弁護側証人として海軍建築部の中村清輝が法廷に立ち、第四回で弁護側証人として中村のほか、佐世保鎮守府の野村留吉と長光、相当警戒隊の児玉広と高橋優が証言した。第五回が頴川らへの尋問だった。

第六回の判決公判は午前九時に開廷した。相当警戒隊の指揮官だった二人に尋問が行われた後、裁判官が頴川への補充質問で「捕虜収容所長はいましたか」と尋ね、頴川は「いませんでした」と答えた。裁判官の質問はこの一問で終わった。

午後一時すぎ、マーフィー弁護人の最終弁論と、ダイチ検事の論告が行われた。

そして午後三時五十五分、判決の言い渡しが始まった。

「被告と弁護人は立って下さい」

マッカチオン裁判長に促され、まずは元兵長の被告とマーフィー弁護人、我妻、馬場両弁護士が立ち上がった。

「懲役二十年を言い渡す」

続いて指揮官だった二人にいずれも終身刑の判決が下された。

最後が頴川の番だった。

マッカチオン裁判長は、裁判官による無記名投票の結果、頴川が問われた六つの訴因を全《すべ》て有罪と認定したと説明した。そして主文を告げた。

「絞首刑を言い渡す」

午後四時十五分、法廷は幕を閉じた。

この日は弁護側が証人の候補として頴川の親族を含む七人を呼んでいたが証言することはなかった。弁護側のちぐはぐな対応が露呈した形だ。

横浜裁判では本件が海軍の軍人を裁く初のケースだった。旧海軍関係者の復員を担う第二復員局は今後の裁判対策の参考とするため、横浜出張所員に毎回傍聴させて日報を送らせていた。

弁護側の記録によると、判決後に出張所長は「実に一気呵成《いっきかせい》の感あり。（中略）米側が横浜裁判の進捗を急ぎつつあるを観取《かんしゅ》せらる」と感想を漏らした。開廷を前日に知らされ、起訴状が後から渡され、主任弁護人が事実上代わり、新旧の主任弁護人が連携できな

判決を聞く纐川幸生（左から２人目）と３人の弁護士

所蔵：米国国立公文書館新館／提供：日本大学生産工学部 高澤弘明准教授

かった点が不利だったとしつつ、「日本人弁護士の奮闘により、今までに見ざる活況を呈したり」と評している。

日本人弁護士のうち、神戸生まれの馬場東作（一九〇九～一九九四年）は東京帝国大学法学部を卒業、海軍省法務局で法務官となった。一九四四年の暮れにフィリピンのマニラに赴任し、南西方面艦隊軍法会議の首席法務官に就任。終戦時に米軍の捕虜となり、戦後は弁護士登録して、海軍関係者の弁護に当たった。一九四九年九月六日、連合艦隊司令長官などを歴任した元海軍大将の豊田副武《とよだそえむ》が裁かれた「丸の内裁判」で、馬場が弁護した豊田は無罪判決を勝ち取っている（『戦場の軍法会議』NHK取材班・北博昭、NHK出版）。

頴川と同じ三十代半ばだった馬場弁護士は頴川らの判決後に「予期以上の厳重な刑であって、弁護人としても約八か月にわたる努力が空に帰した感じが深い」と落胆した。「米弁護人も委員会の意を迎えるためか、せっかく用意した証人もあまり使わなかった。（中略）弁護人の活動が形式的に終わった感が深い」（国立公文書館資料）と振り返っている。

もう一人の我妻源二郎弁護士は一九〇五年、福島県釜子村《かまのこむら》（現・白河市《しらかわ》）で生まれた。早稲田大学在学中に司法試験に合格し、弁護士事務所を開業。太平洋戦争末期の一九四五年五月に召集され、神奈川県の横須賀《よこすか》海兵団《かいへいだん》に二等水兵として入り、終戦を迎えている。のちに関東弁護士連合会の理事長や、法務省の外局に置かれる公安審査委員会の委員長などを歴任した。

我妻弁護士は、裁判冒頭で公判延期を訴えたほか、弁護側証人の野村留吉元少将、児玉広、高橋優に質問するなど積極的な姿勢を貫いた。だが我妻弁護士は日本人弁護士の役割を「ロボット飾り」にすぎないと指摘。元捕虜の供述書が大量に証拠採用され、「口供書に重点を置くとせば当然」の判決で「結局は復讐裁判なり」とし、主任弁護人がフリスビーでもマーフィーでも同じ結果だったかもしれないと諦めの境地で総括している（出典・同右）。

二人の若き日本人弁護士の感想を読むと、敗戦国の悲哀と無力感がにじみ出ている。

判決の翌一九四八年一月、判決を不服とする弁護側が提出した異議申立書には、主任弁護人を務めるはずだったフリスビーの供述書が含まれ、「マッカチオン裁判長は判決を言い渡した日の夕方、横浜を離れて休暇に出かけた」（極東軍総司令部法務部文書）と記されていた。

捕虜虐待死の真犯人

頴川幸生が問われた六つの訴因のうち、最重要視されたのは第五の訴因だった。すなわち、捕虜のベイリーを無理に働かせて死亡させたほか、めがねを紛失したマイヤーを暴行して死亡に寄与した罪だ。

潁川は判決後、巣鴨プリズンの教誨師のライアン神父に送った手紙で、ベイリーに関して「そのようなことを命じたことはなく、また作業に対する命令権等は有しておりません」と否定した。一方のマイヤーに対する暴行は、実は同僚のFが加害者だったと記している（手紙などでFは実名となっているが、名字のイニシャルからFと匿名に置き換える）。

「殴打は真犯人としてFという水兵の名が判然と出ています。ただ一通の口供書のみ、Fが殴打したる後、さらに私が殴打したとありますが、Fが当直勤務の日は私が外出不在という両者の相互関係であり（これは立証されました）、またこの事件は一九四三年四月二十五日の出来事であり、その日は『日曜日』に当たり、私は早朝より外出不在、翌朝二十六日帰隊しているのです」

はたして、マイヤーを暴行した真犯人はFだったのか。当事者の潁川以外の記録から検討したい。

佐世保地方復員局と、戦犯の捜査当局に当たるGHQ法務局の資料によると、Fは一九一五年に米国で生まれた。両親は日本人だが米国で暮らし、サンフランシスコの高等小学校を卒業した。英語が堪能で、一九三四年に十九歳で日本に帰国している。相当警戒隊で佐世保市のダム工事現場に配属されたのは一九四三年三月から六月までのごく短期間だ。

当時の階級は頴川より下の機関兵長だった。

横浜裁判で弁護側証人として出廷し、相当警戒隊で水兵長だった児玉広は、裁判前の我妻源二郎弁護士などによる聞き取りに、Ｆの素行を語っている（国立公文書館資料）。

「Ｆが殴打したことは時々聞いたことはあります。彼は酒癖の悪い男であり、同僚との間にもよく喧嘩《けんか》争論を致しておりました」

被告の一人で元兵長の男性も、日本人弁護士に次のように述べている。

「Ｆという警戒兵が俘虜の一人から眼鏡を強制的にもらい受け、眼鏡がなくて困っているから、取り戻してくれとの依頼を受けたことを記憶する。私はこのことを頴川に話し、頴川はこれを指揮官に話し、指揮官はＦに命じてその俘虜に返還せしめたと見え」

戦後、海軍が捕虜虐待容疑を調査した報告書には「一名（機兵長、氏名不詳英語を少々解す）が俘虜『マーショウ』氏の金縁眼鏡を三（五）円相当の煙草《たばこ》と交換せることあり。直ちに警戒隊員を免じ、転勤せしむる」と記している。

ここで捕虜はマイヤーでなく、別人のマーショウとなっているが、階級と英語が話せるくだりからＦを指していることが分かる。Ｆが約三カ月で異動になった理由はこれだった。

Ｆが素行不良だったことは間違いなさそうだが、Ｆはマイヤーを殴ったのだろうか。

横浜裁判で検察側が虐待の証拠として提出した元捕虜の供述書に、カリフォルニア州出身のローガン・ケイの証言が含まれている。ケイは民間の建設作業員としてウェーク島で働き、日本軍に占領された後も島に二カ月以上も潜伏し、日記を書き続けていた。一九四一年十二月八日から一九四二年三月十日までの日記は、ピューリッツアー賞を受賞した記者のジョージ・ウェラーの著書『ナガサキ昭和20年夏』(毎日新聞社)に収録されている。ケイの細かい観察眼や几帳面な性格がうかがえる記述が多い。

ケイは供述書で、マイヤーが死亡した経緯を次のように述べている。

「めがねをなくしたマイヤーは、警戒隊員が見えなかったらしく敬礼しなかった。その警戒隊員はベンチに座っていたマイヤーを銃で殴り、尻や体を蹴《け》った。(中略)その名前はフクオとみられる。彼はカリフォルニア州サンフランシスコの学校を出ており、父親はまだ現地に住んでいるようだ」

「フクオ」はFの名字と完全に一致しないが、イニシャルのFと字数が三文字の点は同じだ。約二十人しかいない相当警戒隊の中で、サンフランシスコの学校を卒業した経歴は当該人物を表す決定的な特徴と言える。少なくとも門司の小学校を卒業した頴川ではない。

加えて、検察側が提出した元捕虜のサミュエル・スウィフトの供述書は「ケイの供述書を読みましたが、マイヤーの死に関する陳述は間違いありません」と強調している。

このほか、元捕虜のジェラルド・ロジャースの供述書も、マイヤーの死に言及している。

「コカミという警戒隊員の前を通り過ぎた時、敬礼しなかった。コカミはマイヤーを殴り倒して蹴飛ばし、隊員の宿舎に連れて行って地面に投げ飛ばした」

コカミのイニシャルはFではないが、名前の一部がFと共通しており、同じ三文字だ。

一方、他の元捕虜たちの供述書には、頴川がマイヤーを殴ったとか、頴川が命じたなどとある。頴川は名前を覚えられ「エガワ　ホソー（頴川兵曹）」と記されている。

元捕虜たちの供述書によると、マイヤーへの殴打の実行者は頴川、フクオ、コカミの三パターンに大別される。

さらに米国側の資料がないかと探すと、先述のウェラーの『ナガサキ昭和20年夏』に記述があった。ニューヨーク・タイムズを経てシカゴ・デイリー・ニュースの記者となったウェラーは、一九四五年九月二日に横浜沖の米戦艦ミズーリ号の甲板で日本の降伏文書調印式を取材した後、九月六日に長崎入りした。欧米の記者として初めて原爆投下後の長崎を取材し、さらに九州各地の俘虜収容所で捕虜に話を聞いて回った。佐世保を訪れたのは九月二十四日で、ウェラーは取材に基づいて次のように書いている。

「レスター・マイヤー（サンフランシスコ出身）は日本軍による継続的な虐待によって錯乱し、眼鏡も失って物が見えない。ある日、マイヤーは捕虜たちが『シスコの水夫』とあだ名をつけていた衛兵の前を敬礼せずに通りすぎた。彼には見えなかったのである。マイヤーは三日連続で殴られる。拳で倒され、小銃で頭を殴られ、最後は気を失うまで蹴られて死んだ」

相当警戒隊で「シスコの水夫」とは、サンフランシスコの学校を出たFしかいない。終戦直後のウェラーの取材によっても、Fの関与が裏付けられた。なお、ウェラーは捕虜たちの境遇について「サディストの海軍軍人エガワ兵曹の監督の下にあった」と記しているが、警戒隊は別の指揮官が率いていたので、こちらは事実誤認と言えよう。

マイヤーに暴行したのはFの可能性がきわめて高くなったが、フクオとコカミは同一人物なのかという疑問は残る。Fに直接会った人の証言はないだろうか。

たどり着いたのが、判決後に量刑を不服とする弁護側の異議申立書に添付されたフリスビーの供述書（一九四八年二月）だった。主任弁護人として当初は意気込んで裁判の準備を進めながらも直前に交代したフリスビーは「いつだったかは今思い出せないが、私は弁護人として裁判の前にFを聴取した。Fから得た情報によれば、裁判でフクオあるいはコカミと言及された人物はFを指していると思う」と述べている。Fはフリスビーに聴取された際、マイヤーへの暴行について自らの関与を認めなかったものの、Fは暴行現場に居合わせたと説明し、マイヤーを殴ったのは潁川ではないと説明したという。

フリスビーは裁判の前にキーパーソンと言えるFに接触し、潁川の死刑判決につながる罪状の核心部分に近づいていたのだ。にもかかわらず、開廷の一週間前に主任弁護人を外れたフリスビーは、Ｆの存在やＦへの聴取実績について、多忙を理由に後任のマーフィー弁護人や日本人弁護士に引き継がなかったという。

フリスビーの供述書を読んでこの事実を知った私は愕然《がくぜん》とした。フリスビーが主任弁護人として予定通り法廷に立っていれば、Ｆへの聴取内容を踏まえて頴川を弁護したはずだ。引き継ぎをしなかったフリスビーの不手際が、頴川にとって文字通り致命的となった。

サンフランシスコの学校を出たＦが、サンフランシスコ出身のマイヤーを殴打したのは生来の気質なのか、現地で差別を受けたのか、動機は知るよしもない。Ｆは戦後、北九州市の小倉に駐留した米軍の第二四師団に雇われ、小倉で暮らした。戦時中は米国人の捕虜を殴り、戦後は米軍の庇護《ひご》で生計を立てる変わり身の早さには舌を巻くほかない。

再審査されるも死刑確定

米軍が管理する巣鴨プリズンでは、戦犯として収容した被告人や受刑者が外部の人間と接触した際、日時や相手の氏名、所属、目的を記録していた。それによると、頴川幸生は死刑判決から三日後の一九四七年六月五日午後三時半、巣鴨プリズンのチャペルでライアン神父に会っている。

ただ、頴川は英語を話せないため、ライアン神父に日本語で思いの丈《たけ》をつづった手紙を送った。米軍は手紙を要約して英訳し、六月十八日付でマッカーサー元帥ら軍関係者に回覧している。

手紙で頴川は「絞首刑とはあまりにも、わりきれない思いです」と吐露《とろ》した。

「私は神の名によってなされたこの裁判に過失あることを心から悲しみます」

「私の心は一点の曇りもなきことを知りました。真理にうちかつものは何物もありません。如何《いか》にたくみに偽《いつわ》りをつくっても真理は必ず現れます。私はその時の必ず来ることを信じております」

横浜裁判は一審制で、やり直しの再審はない。だが、米第八軍法務部が裁判記録を精査し、量刑の妥当性を検証する再審査の手続きを必ず経て、判決が確定する仕組みだった。

そして一瞬、光明が差し込んだ。

一九四八年三月三十一日付の再審査の記録によると、頴川のケースを担当したのは、米第八軍法務部の再審査官ポール・スパーロックだった。彼は民間の弁護士出身で、占領初期は新潟県に置かれた軍政部門で法務将校として勤務し、第八軍法務部に籍を移していた。

スパーロックについて調べると、アメリカ法曹協会の専門誌『ＡＢＡジャーナル』に「The Yokohama War Crimes Trials（横浜戦犯裁判）」と題して一九五〇年に寄稿していた。それによると、第八軍法務部の再審査官は最大二十八人で、大半は民間の弁護士出身だった。彼らは米国の地元弁護士会に所属し、十年から三十七年間ほどのキャリアを積んでいた。スパーロックは他の再審査官が書いた全ての再審査の記録に目を通し、横浜裁判を研究してきたと自負している。

スパーロックの寄稿によると、再審査は以下の手続きを踏んだ。裁判の終了後、法務部の再審査課に公判記録が送付される。担当の再審査官は数日間から三、四カ月かけて法的な過誤がないか検証し、事実の概要をまとめ、意見や勧告を付す。他の再審査官とも議論して書き上げると、チーフの再審査官がチェックした上で法務部長に提出される。法務部長が再審査官の意見に同意しない場合は、理由を述べた別紙を付け加えて第八軍司令官に提出。死刑以外のケースは、第八軍司令官の決定で判決が確定する。死刑の場合はさらにマッカーサー元帥が判決の承認または不承認を最終判断することになっていた。

横浜裁判では百二十三人に死刑判決が言い渡されたが、うち七十二人が減刑され、死刑を免《まぬが》れた。勝者の裁きと言われるが、再審査が一定程度、機能した点は認めるべきだろう。

再審査の記録は第一に被告の個人データ、第二に起訴事実、認否、判決、法的要件の充足、第三に検察側と弁護側の立証の概要、第四に意見、第五に勧告で構成される。

頴川の再審査でスパーロックは意見として、捕虜だったベイリーの死に関し、四人の元捕虜の供述書が検察側から提出されているが、殺人の証明に必要な要素を満たさず、死亡との因果関係も不明で、被告を有罪とするのは困難と指摘している。

マイヤーの死については「検察側の証拠はひどく混乱しているだけでなく、被告がそのような行動を取ることは物理的に不可能だ」と強調した。死亡状況は「蹴られて死んだ」「棍棒で殴られて死んだ」「帽子もかぶらず、炎天下に座らされて死んだ」「飢えと暴行で死んだ」などと元捕虜たちの供述書によって異なり、死亡場所もベンチ、便所に行くまでの途中、運動場とばらばらだと疑問を示した。その上で「供述書は矛盾し、フクオとコカミが暴行したとされており、潁川をマイヤーの死亡に寄与した罪に問うのは合理的疑いがある」との見解を示している。

再審査の結論に当たるのが勧告の部分だ。スパーロックは勧告の冒頭で「潁川がライアン神父に送った手紙を読んで考慮した」と前置きしている。死刑判決に関わる「第五の訴因に関し、ベイリーとマイヤーが死亡した主因は証拠に欠け、両者の死因について供述は矛盾し、加害者も不確実で、マイヤーの死をめぐる見解は異なり、伝聞、うわさ、想像で明白な矛盾をきたし、合理的疑いの余地のない有罪証明に失敗している。この訴因に関する判決の認定については、不承認を勧告する」と主張した。そして量刑の妥当性について「死刑判決は行き過ぎで、懲役十年の刑を勧告する」と結論づけている。

再審査でスパーロックは、第五以外の訴因の認定は適当とし、完全無罪とはしていない。だが被告にとっては死刑か否《いな》かが運命の分かれ道だった。死刑判決につながった捕虜虐待死の第五の訴因の認定を退《しりぞ》けた意義は大きい。

しかしながら、第八軍の法務部長アラン・ブラウン中佐はスパーロックの主張に同意しなかった。第五の訴因について「証言者の間で事件の細部が異なっても、証明に致命的とは言えない」「重要な点は証拠が犯罪の主な要因や本質的な部分で一貫しているかどうかだ」と強調。多くの証言者が「死の責任は頴川にある」と主張していることから「判決を承認する以外に適当な措置はない」との意見を付した。

スパーロックは弁護側の反対尋問を受けていない元捕虜の供述書の矛盾点から立証を不十分としたが、ブラウン部長は供述書の多数をもって頴川に責任ありと判断している。

そして第八軍のアイケルバーガー司令官は一九四八年四月二十日に死刑判決を承認し、マッカーサー元帥も同年七月七日に死刑判決を確定させた。

頴川は再審査官のスパーロックの存在を知るよしもなかっただろうが、ライアン神父への手紙はスパーロックが目を通し、再審査で考慮されていた。スパーロックは義理人情でなく、第三者のプロの法曹家として再審査に臨んだが、その記述は迫力に満ち、頴川の思いが乗り移ったかのようにも読める。

第六章で触れるが、再審査の記録はインターネット上で誰でも閲覧できる。スパーロックとブラウン部長の見解のどちらが妥当かは、後世の判断に委ねられている。
顓川の死刑判決を不適当として退けた法曹家のスパーロックの見解が、英文で世界に公開されていることは、顓川にとってほんのわずかな慰みとなるだろうか。

「早く死ななければなりません」

再審査が終わったころ、顓川幸生は巣鴨プリズンを管理する米軍に、面会の受付時間の延長を申し出ている。米軍が英訳した顓川の嘆願書によると、原爆で死亡した家族の遺骨の管理をどうするかなど兄や姉に相談したいことが多々あるが、遠方に住んでいるため面会に頻繁に来られない。だから、来た日にちゃんと会えるよう、面会の受付時間を延長してほしいという内容だ。余白に「承認された」とあり、申し出は認められたとみられる。
「私の家族は父母、妻、子どもたち全員が長崎の原爆で死亡しました。私は放射線の影響で病に伏していた時に逮捕されたので、家族の遺骨は長崎の寺に納められたままです。私は面会に来る親族に、家族の遺骨を四国の琴平《ことひら》に改葬することを相談したいのです。あれから三周年となる八月九日が近づいています。長崎に親族はおらず、長崎での墓じまいを相談したいのです」

潁川は親族との面会を今か今かと待ち続けた。しかし、遠方の兄や姉の都合もあってか、面会はとうとう実現しなかった。

死刑囚に付き添った教誨師の花山信勝《はなやましんしょう》の著書『平和の発見』（方丈堂出版）によると、一九四八年八月二十日午前九時半から、巣鴨プリズン別棟の一階で、潁川ら計十人の死刑囚が順番に呼び出された。翌二十一日午前零時半の死刑執行を宣告されたが「一人として、態度を乱したものもなく、しっかりした文字で署名し、黙礼をして出ていった」という。

花山は八月二十日午後一時から午後八時ごろまで、独房に戻った十人の部屋を巡回し、遺品や遺書を受け取った。執行が近づく午後十一時半、再び面会に行くと、潁川は石けんで全身を洗い清めていた。潁川は花山に「先生、キレイにあかを落して、参ります」と語ったという。

真夏なのに、雨が降り始めていた。潁川は姉に宛てた遺書に「随分暑い日ですが天も憐《あわれ》んでか、私達の為《ため》に涙を落していてくれている様な気がします」とつづっている。

処刑は五人ずつ二組に分かれ、一九四八年八月二十一日午前零時半、潁川ら五人に絞首刑が執行された。

午前一時半、花山は十人の棺《ひつぎ》の前で読経《どきょう》し、合掌《がっしょう》した。

潁川が姉に残した遺書は、原爆で亡くなった家族への思いにあふれていた。

「何の因縁《いんねん》か三年前家族達が次々と逝った後を追ひ、月も同じ八月」

「今度は親子水入らずで永遠に仲良く暮せます」

「私は亡き妻や子供の為にも早く死なゝければなりません」

「正哉（註長男）節子（註長女）豈子（註妻）三人の骨を一つの壺に納め、私の遺髪も入れて下さい。もう今度は永久に離れません」

顯川は自分の遺骨ではなく、遺髪を一緒に入れてほしいと書いている。米軍は処刑後、遺体や遺骨を日本側に返還しなかった。すでに戦犯として処刑された死刑囚の前例から、花山は米軍の方針を知っており、顯川にも伝えていたとみられる。

顯川に関する米軍の公判記録やＧＨＱ法務局の捜査資料、減刑の嘆願書、米軍の巣鴨プリズン文書、弁護側の日本語資料などは約七千五百ページに上った。そのすべてに目を通した私は、本来は友邦であるべき米国の捕虜に手を差し伸べ、組織の狭間で一人でも待遇改善に尽くした顯川の最期に打ちのめされた。

私は夏目漱石《なつめそうせき》の小説『こころ』の一節を思い出していた。

「記憶して下さい。私はこんな風にして生きて来たのです」

埋もれた裁判記録に刻まれた顯川幸生の人生を、私は絶対に忘れないだろう。

第二章

陸軍刑務所の米兵焼死と五人の被告

空襲に伴う米兵殺害疑惑

ふいに吉田茂《よしだしげる》の名前が目に飛び込んできて、横浜裁判の記録をめくる手が止まった。

検事「あなたは吉田茂のことに言及しましたが、彼は前首相ではありませんか」

被告「はい。前首相です」

検事「東京の陸軍刑務所の火災に関し、前首相の吉田に手紙を書きましたか」

被告「はい。書きました」

検事「吉田から返信がありましたか」

被告「はがきで返信がありました。彼は、私の殺人行為を目撃したと証言していないし、私を見たこともないと書いていました」

東京の渋谷にあった陸軍刑務所の元看守の男性は、一九四五年五月二十五日に米軍の空襲を受けた際、収監《しゅうかん》していた米兵を刀で殺害した罪に問われた。審理は一九四八年三月二十四日に横浜地裁で始まり、七月八日に判決を迎えた。

冒頭のやりとりは、その一場面だ。男性による米兵殺害の場面を吉田が目撃していたという真偽不明の話が浮上したため、男性は無実の罪を晴らそうと吉田に手紙を書き、検事は吉田からの回答を尋ねている。

そもそも横浜裁判に関し、吉田が何らかの事件関係者として登場する話は聞いたことがない。私は米軍の法廷速記録や日本の弁護側資料など計一万ページほどを閲覧し、事件の舞台となった渋谷に向かった。

JR渋谷駅で降りてスクランブル交差点からセンター街に入る。井ノ頭《いかしらどお》通りを進むと、東急ハンズ渋谷店の隣に、渋谷区清掃事務所の宇田川《うだがわ》分室が見えてきた。

灰色のフェンスで囲まれた分室の敷地に目を凝らすと、高さ数十センチほどの石がぽつんと立っている。石の形は角柱で表面がごつごつしており、風雨に耐えてきた年月を感じさせる。近づいてのぞき込むと、石の正面に「陸軍用地」と刻まれていた。

この一帯はかつて陸軍の所有地で、石は土地の境界線を示す目印の「境界標」だ。繁華街の喧噪《けんそう》に隠れて気づく人は少ないが、渋谷の戦前の遺構としてひっそりと残されている。

私は井ノ頭通りを進み、NHKセンター下の交差点を右折して坂を上った。通りの左手はNHK放送センターで、右手に税務署などが入る渋谷地方合同庁舎が建つ。合同庁舎の角の細いスペースに、赤れんがの壁と「二・二六事件慰霊像」が置かれている。

二・二六事件は一九三六年二月二十六日、陸軍の青年将校が率いる反乱部隊が高橋是清《たかはしこれきよ》大蔵大臣、斎藤実《さいとうまこと》内大臣、渡辺錠太郎《わたなべじょうたろう》教育総監を殺害したクーデター未遂事件だ。

慰霊像の右側の碑文には「首謀者中（中略）十九名は軍法会議の判決により東京陸軍刑務所に於《おい》て刑死した。此《こ》の地は其《そ》の陸軍刑務所跡の一隅《いちぐう》であり、刑死した十九名と是《こ》れに先立つ永田事件の相澤三郎中佐《あいざわさぶろうちゅうさ》が刑死した処刑場跡の一角である」と記している。

慰霊像の隣には赤れんがの壁が残され、当時の陸軍刑務所の外壁とも言われる。

刑務所は明治時代の一九〇九年に陸軍衛戍《えいじゅ》監獄（軍隊が永久に駐屯する地に設置された監獄）として誕生し、大正時代の一九二二年に東京陸軍衛戍刑務所と改称された。現在では渋谷地方合同庁舎や渋谷区役所、渋谷公会堂、神南《じんなん》小学校などがその敷地に当たる。

太平洋戦争中の一九四五年五月二十五日夜、渋谷は米軍の空襲を受けた。刑務所には四百六十四人の日本人の囚人と、それ以前の無差別爆撃に関わった容疑で六十二人の米兵が収監されていた。日本人は優先的に避難して助かり、米兵は後回しで全員が焼死した。

戦後、勝者の米軍は米兵が死亡した原因究明と責任追及に乗り出す。そして、捕虜《ほりょ》殺害などの「通例の戦争犯罪」に手を染めたＢＣ級戦犯として刑務所長と次長、三人の看守を裁きにかけた。

起訴状によると、空襲時に五十七歳だった所長は防空壕《ぼうくうごう》の設置を怠り、的確な避難命令

かつて陸軍用地だった渋谷に建つ「二・二六事件慰霊像」と赤レンガの壁

を出さなかった。四十九歳だった次長は米兵の避難を怠った。その結果、六十二人の米兵を死亡させた。

空襲時にいずれも二十五歳だった二人の看守は空襲の最中に刑務所で氏名不詳の米兵三人を殺害し、二十九歳だった看守は氏名不詳の米兵八人を殺害したとして起訴された。単なる焼死事案ではなく、空襲に伴う殺害事件として、当時の新聞は「B29乗員の首切り戦犯合同裁判」の見出しで開廷を報じている。

刑務所には米兵を無差別爆撃の戦争犯罪容疑者として収監していたが、一転して職員たちが米兵を死なせた戦争犯罪人となり、横浜の軍事法廷に引きずり出された。

吉田茂、陸軍刑務所に収監される

一九四五年五月二十五日、渋谷の陸軍刑務所には吉田茂の姿があった。

元所長の田代敏雄《たしろとしお》は、戦後の法務省による調査に「戦争継続反対で憲兵隊によって逮捕された吉田茂、殖田俊吉《うえだしゅんきち》、岩淵辰雄《いわぶちたつお》等の人々が収監されていた」と回想している。

吉田は一八七八年に生まれ、三歳で横浜の実業家、吉田健三《よしだけんぞう》の養子となった。そのため、幼少期を横浜で過ごし、現・横浜市立太田小学校を卒業している。

以来、吉田と神奈川県の縁は深い。同県大磯町《おおいそまち》の自宅で一九六七年に八十九歳で死去し、現在は横浜市西区の久保山《くぼやま》墓地に眠る。以前は東京の青山霊園に墓があったが、二〇一一年に久保山墓地へ改葬された。

墓地の隣には久保山火葬場《かそうば》がある。米英などの連合国が開いた東京裁判で、A級戦犯とされて死刑判決を受けた東条英機《とうじょうひでき》元首相ら七人が火葬された場所だ。吉田は戦後、来栖《くるす》三郎《さぶろう》元駐独大使への書簡で「If the Devil has a son, surely he is Tojo（もし悪魔に息子がいるとしたら、それは間違いなく東条だ）」と激しく批判した（『吉田茂書翰』中央公論社）。東条が火葬された場所に隣接する墓地で吉田が永眠しているとは奇縁と言うほかない。

吉田と先妻の雪子《ゆきこ》が眠る久保山墓地は高台にあり、横浜の珍しい景色が一望できる。手前に墓石がずらりと並び、奥にランドマークタワーなど近代的な高層ビル群が見える。死と生が同居したような絶妙のコントラストで、横浜の今昔を映し出しているかのようだ。

吉田は外交官として奉天《ほうてん》、安東《あんとう》、済南《さいなん》、天津《てんしん》と、中国勤務が長い。外務省の事務次官を歴任し、駐英大使を最後に一九三九年に退官した。帰国後は養父が別荘を建てていた神奈川県大磯町に住み、太平洋戦争が始まると英米両国との講和に向けて水面下で奔走した。

吉田が絡んだ終戦工作の一つが、いわゆる「近衛上奏文《このえじょうそうぶん》」だ。近衛文麿《ふみまろ》元首相は一九四五年二月十四日、昭和天皇に戦局の絶望的な見通しと陸軍の人事刷新を進言した。上奏文は「最悪なる事態は遺憾ながら最早《もはや》必至なりと存候《ぞんじそうろう》」との直言で始まる。敗戦に伴って共産主義革命が起きる可能性に警鐘《けいしょう》を鳴らし、軍部内に共産主義が浸透しているとの「陸軍赤化説」を唱え、「勝利の見込なき戦争を之《これ》以上継続するは、全く共産党の手に乗るもの」と訴えた。ただし、「軍部内の一味」を一掃せず終戦に踏み切れば大混乱に陥ると主張し、「共産革命より日本を救う前提」として陸軍の人事断行を具申した。

上奏の前夜、吉田は東京都内にもあった自宅に近衛を泊め、文言を協議していた。「私は公のこれら意見には全く賛成であったので、二人して内奏文の補校に努めるとともに、私はその写しをとり、夜の更けるまで語り合った」(『回想十年』東京白川書院)

吉田が写しを作成したのは、近衛から吉田の義父の牧野伸顕《まきののぶあき》にも見せるよう依頼されたからだった。

陸軍省兵務局防衛課は、英米寄りの吉田に「ヨハンセン」(吉田反戦の略称)とのコードネームを付け、動きを監視していた。大磯の邸宅に書生として陸軍中野学校卒の東輝次《あずまてるじ》を送り込み、東は上奏文の写しの入手に成功。吉田が上奏文を牧野ら外部に流布し、陸軍赤化説を広めたとして、陸軍刑法違反(軍事上の流言飛語)に当たると陸軍は問題視した。

一九四五年四月十五日、大谷敬二郎《おおたにけいじろう》司令官が率いる東部憲兵隊は、親英米派の反戦分子の弾圧に着手した。検挙班が早朝に大磯の邸宅を訪れ、吉田を大磯駅から電車に乗せて移送。東京の新橋駅で降ろし、車で九段《くだん》の憲兵隊に連行した。

戦時中は渋谷の陸軍刑務所に収監され、戦後は首相になった吉田茂。外相官邸で、1949 年 2 月

取り調べは十八日間にわたり、五月二日に軍法会議へ書類が送付された。そして翌三日に吉田、殖田、岩淵は未決囚として渋谷の陸軍刑務所に入れられた。吉田は『回想十年』で「この独房はなかなか清潔で、蚤《のみ》、虱《しらみ》の類にはついぞお目にかからなかったのは有難《ありがた》かった。九段と異なって、ここは取調べもなく、差入れも自由だった」と振り返っている。

この時、吉田に差し入れをした一人が、東京府庁職員から渋谷区長に就《つ》いていた磯村英一《いそむらえいいち》（一九〇三〜一九九七年）だった。磯村はのちに都市社会学の研究者となり、東京都立大学教授や東洋大学学長を歴任し、同和対策に取り組んだことで知られる。

府庁職員だった磯村は、一九四〇年の東京五輪誘致のためドイツに出張した帰りの一九三七年、中学校の先輩が勤務していた英国の日本大使館を訪れ、大使の吉田にあいさつした。

月日が流れ、渋谷区長となった磯村は、区役所のそばにあった陸軍刑務所の所長の田代と親しくなり「いま元大使だった吉田茂という人が入っている」と聞かされて驚く。初対面では東京府職員と大使という立場だったが、二回目は渋谷区長と囚人という形で再会を果たしたのだった（『私の昭和史』中央法規出版）。

そうして吉田の収監から一カ月もたたないうちに、B29の大群が渋谷に襲いかかった。

二番目の大被害、山の手大空襲

一九四五年五月二十五日の夜、約四百七十機のB29が東京の上空に侵入した。午後十時半ごろ、空襲の恐れを伝える警戒警報が鳴り、午後十時五十分ごろ、攻撃の切迫を知らせる空襲警報に切り替わった。三月十日の大空襲に次ぎ、東京では二番目に大きな被害をもたらす空襲が始まろうとしていた。

横浜裁判の弁護側資料に、渋谷区北谷町《きたやちょう》（現・渋谷区神南）の自宅で被災した人物による「空襲災害状況覚書」が残されている。原稿用紙の右下に「陸軍」と印字され、日付は一九四六年一月とある。執筆者は三十九歳で元陸軍中佐《ちゅうさ》の一戸公哉《いちのえきみや》だった。

警報の発令を受け、一戸は自宅の防空壕に家族を避難させ、自身は壕の入り口から上空の様子を警戒していた。すでに青山方面は燃え盛っている。

「大火災を発生し、黒煙は天を覆い地上の猛火これに反映し、既《すで》に飛行機を認むる能《あた》はず。唯《ただ》爆音により上空飛来を察知し得るのみ」

日付が変わった五月二十六日午前零時半ごろ、渋谷に焼夷弾《しょういだん》が「シュー」と音を立てて降り注ぎ、自宅を直撃した。一戸は室内に飛び込んで消火を試みたが、熱と煙が充満している。家族が入った防空壕には火の勢いに阻まれて近づけず、大声で呼び掛けても家族の返事はない。一戸は「万事を放棄して避難するに決し」、自宅の敷地外へ飛び出した。

一戸は付近の十字路にたたずみ、焼け落ちる自宅を茫然と眺めた。我に返って周囲を見回すと、火の手が拡大して煙で覆われている。

「青山方面並びに松濤《しょうとう》及《および》渋谷駅方面は火災と煙とに包まれ、何物をも弁別し能《あた》わず」

一戸は路上に散乱した電柱や電線を踏み越え、近くの陸軍刑務所の正門まで移動した。

「『ゴーゴー』たる風鳴、爆竹の如《ごと》き延焼音」が耳をつんざき、B29の飛来音も聞こえない。その状況を一戸は「焦熱《しょうねつ》地獄」と表現している。

一戸は代々木《よよぎ》の練兵場《れんぺいじょう》に向かう十数人の避難者を目にし、後を追った。練兵場は一九〇九年に整備された陸軍の広大な演習地で、現在の代々木公園や国立競技場に当たる。

練兵場に移動して刑務所を見ると「黒色煙上り、火災と共に渦《うず》を巻《まき》て」炎上していた。

やがて刑務所の方から、三、四十人の囚人が練兵場に避難してきた。付き添いの監視係は一人しかおらず、囚人の姿を目にした避難者の間に動揺が広がる。

「先に避難しありし一般都民の不安俄《にわ》かに昂《こう》じ、私語諸所に起る。殊《こと》に婦人子供及び家財を携帯せる者に多し」

火の勢いが強まる中、軍服姿だった一戸は、避難してきた女性から「ここは大丈夫でしょうか」と声を掛けられた。「大丈夫。あと三十分、頑張りなさい」と励ましながらも、一戸は囚人の集団を見て不安を覚えた。

「囚人の暴行、万一発生せる場合に対しては何等《なんら》の確信なし。唯《ただ》、私《ひそ》かに囚人の行動を警視しありたるのみ」

結局、囚人絡みのトラブルはなく、杞憂《きゆう》に終わる。午前三時ごろ、火災が落ち着いてきたので、一戸は安否不明の家族を探して自宅に戻った。

家族がいた防空壕に入ろうとしたが、落盤して煙が充満している。やむなく焼失した家屋を眺めていると、妻や兄がふらりと姿を現し、再会を果たすことができた。

一戸はその後に見聞きした被害を書き留めている。隣組の女性は代々木の練兵場の入り口付近まで避難したが、背負っていた三歳の息子がそこで直撃弾を受けて即死した。表参道は避難民が殺到して死屍累々《ししるいるい》となった。一戸の自宅には百発近い焼夷弾が落ちていた。

また、一戸は「陸軍刑務所内においては相当数の犠牲者ありたるが如し」と記している。

吉田茂は刑務所から避難し、無事だった。

「空襲が激しくなり、代々木原を挟んで渋谷一帯が火の海となった。衛戍監獄にも焼夷弾が命中した。私はその空襲で警報を聞くや、憲兵の案内で穴倉の野菜物置場に避難したが、そこも熱くなり、蒸し殺されてはたまらんと思っていたら、憲兵があちらへ行きましょうと、明治神宮外苑《がいえん》に難を避けた」（『回想十年』）

隅田川の付近が壊滅した三月十日の「下町大空襲」に対し、五月二十五日の空襲は「山の手大空襲」と言われる。焼夷弾の量は三月十日の約二倍で、皇居の一部も焼失した。都内で三千二百四十二人が犠牲になり、うち渋谷区では九百人が死亡した。

米兵六十二人が焼死

渋谷の陸軍刑務所長だった田代敏雄ら被告五人の合同裁判は、一九四八年三月二十四日、横浜地裁の第十号法廷で開廷した。七月八日の判決まで、公判は実に六十回を超える。裁判長は米第八軍のダニエル・カリネイン大佐《たいさ》、検事はアンドリュー・アディノルフィ、主任弁護人はカーク・マドリックスが務めた。補佐の日本人弁護士が被告にそれぞれ付き、田代の担当は田中栄蔵だった。

検察側の立証に要した公判は約四十回を数え、証人は約四十人、供述書などの証拠書類（書証）は約八十件に上る。証人は被告の同僚だった元看守が二十四人、受刑者が八人で、米兵の戦没者を弔《とむら》う米第八軍の第一〇八墓地登録小隊の軍人もいた。ほかの事件の審理では元捕虜《ほりょ》の米兵が検察側証人になるケースが多かったが、本件は同じ日本人が被告の罪を証言した。

一方、弁護側の証人は被告を除けば五人に満たず、証人の数を比べても検察側の力の入れようは尋常でない。田代は戦後の法務省の聞き取り調査に「私共の事件は、ハングケースという噂《うわさ》が立って、彼らは全員絞首刑《こうしゅけい》にきめていたようであった」と述懐している。

軍属だった田代は一九四三年六月に所長に就き、看守長が五人、看守が五十八人の態勢だった。敷地は高さ三メートルを超えるれんが塀《べい》で囲まれ、未決囚が入る拘置監《こうちかん》と、受刑者が入る第一号監から第五号監の建物が並んでいた。木造で、第二号監は病気の囚人が多く、第四号監は米兵を収監し、第五号監は初犯や模範囚が多いという特徴があった。

元看守の石垣政雄が、GHQ法務局に提出したとみられる文書が残されている。囚人の名前は番号で呼んでいたので知らなかったが、例外は「ただ一人、拘置監におりました元外務大臣の吉田様という方の名前だけです」と記している。

一九四五年五月二十五日の夜、刑務所内ではどう動いていたのか。以下、米国の法廷速記録を基《もと》に再構成する。

二十五歳だった看守の神本啓司《かみもとけいじ》は当直明けの非番で渋谷の自宅にいた。前年の一九四四年九月から軍属として勤務し、すでに結婚して息子がいた。就寝直後に警戒警報が鳴り、空襲警報に切り替わった。神本は急いで支度し、午後十一時すぎに刑務所へ駆け付けた。

看守は非番でも空襲警報が鳴れば出勤する決まりだったが、交通事情や空襲の危険もあり、全員が出勤してきたわけではない。もともと当日の夜勤は二十数人おり、非番の出勤者を含めても、空襲時にいた看守は計三十〜四十人だった。

刑務所に着いた神本は、看守長で当直責任者だった二十四歳の菊池四郎《きくちしろう》に指示を仰ぎ、防火班に回される。刀を持っていたが、消火活動の支障になるので防空壕に置いたという。

まもなく空襲の第一波が始まった。焼夷弾は医務室の近くに落ちたが、神本は囚人の一部を使って二十分ほどで消し止めた。作業場や倉庫、炊事場も焼夷弾で燃え始めたが、他の看守たちの奮闘で、第一波は総じて消火に成功している。

しかし、空襲の第二波は人海戦術で太刀打《たちう》ちできなかった。所内の作業場が次々に燃え、近隣の民家の火が燃え移ってきた。神本は法廷で「第三、第四の作業場が激しい焼夷弾攻撃を受け、私たちは炎を消そうと格闘しましたが、消火用のホースが短くて炎まで届きませんでした」と述べている。

所長の田代は刑務所近くの官舎にいたが、空襲警報を受けて午後十一時十五分ごろに出勤した。看守所でラジオの情報に耳を傾けつつ、消火の指揮を執《と》っていた。第一波は消火できたが第二波の猛爆《もうばく》は消火不能と判断。田代は午前一時すぎ、看守が囚人に付き添う形での避難命令を出した。さらに午前一時半ごろ、囚人の解放に踏み切った。囚人が看守の付き添いなしで避難し、一昼夜以内に戻る方式で、逃亡リスクもある最終手段だった。

田代から解放を命じられた次長の越川正雄《こしかわまさお》は、周囲の部下たちに聞こえるよう「解放、解放」と怒鳴った。そこにちょうど神本が消火の現状報告に来たので、越川は「消火はもう不可能だ」と伝え、病気の囚人がいる第二号監の解放を手伝うよう指示した。

神本は病気の囚人を二、三人ずつ連れ出し、囚人たちは代々木の練兵場に向かった。

第二号監の解放が終わるころ、今度は「第四号監を解放せよ」と越川の声が響いた。

神本は息つく暇もなく、第四号監に急いだ。煙が出ていたが、上司の指示を全《まっと》うしようと、神本は煙をかいくぐって中に飛び込んだ。

第四号監は十七の房に区切られ、一つの房に三、四人の米兵が入っていた。呼吸もままならない中、神本は最初に中央まで進み、六番から十番の房を順に開けていった。だが十一番の扉を開けようとした時、焼夷弾が激しく落ちる音がしてたまらず外に飛び出した。

法廷で検事は当時の状況を厳しく問いただしている。

検事「あなたは全部で何人を解放しましたか」
神本「人数は分かりません」
検事「米兵が房から出て行くのを見ましたか」
神本「六番の房を開けた時は出て行くのを見ましたが、後は夢中で分かりません」
検事「避難経路を示しましたか」

神本「解放するだけで精いっぱいだったので、そのことに頭が回りませんでした」
検事「米兵はどこに逃げられると思いましたか」
神本「分かりません」

第四号監から外に出た神本は、敷地を囲む塀のそばまで移動したが、火と煙で視界をふさがれた。逃げ場を失い、死が迫ってきたその時、看守の信濃博が現れて「ここでぐずぐずしていると焼け死ぬ。逃げられるだけ逃げよう」と声を掛けてきた。神本は信濃と共に、刑務所の敷地にあった望楼《ぼうろう》（警備のため遠くまで見渡すためのやぐら）の下の小さな防空壕に逃げ込む。

やがて煙が壕内に入ってきたため、別の未完成の防空壕に移った。そこには看守の神戸《かんべ》初秋《はつあき》や囚人がおり、一緒に夜を明かした。

解放命令を出した所長の田代は法廷で、自身の行動を説明している。

「火の粉と煙で目や口を開けられませんでした。そこにとどまれば窒息することは間違いなく、私はすぐに監門から走り出て、代々木の練兵場に避難しました」

翌五月二十六日の朝、神本は代々木の練兵場に行き、田代に「米兵を解放するため最善を尽くしましたが、激しい焼夷弾により全員は解放できませんでした」と報告した。

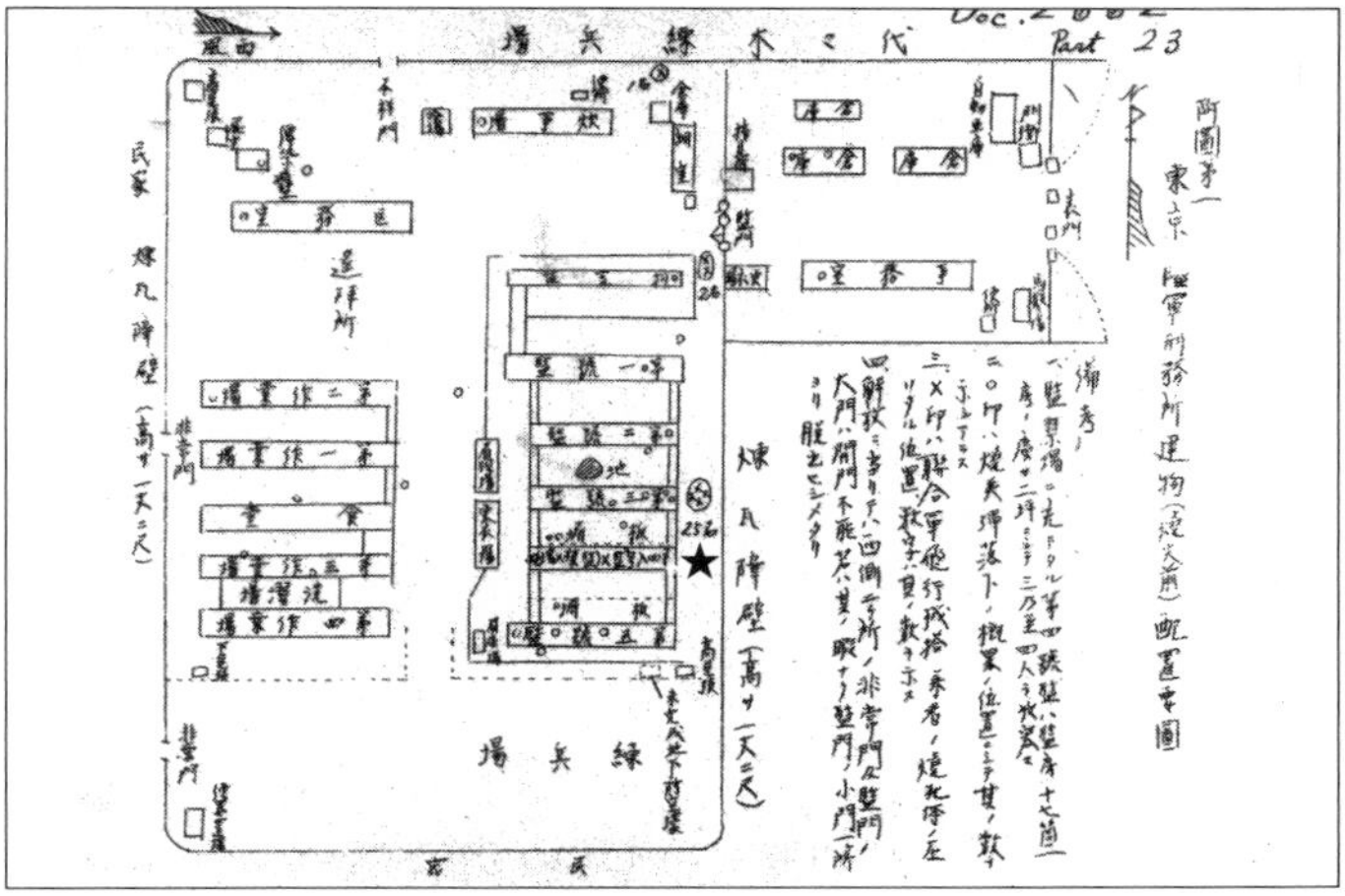

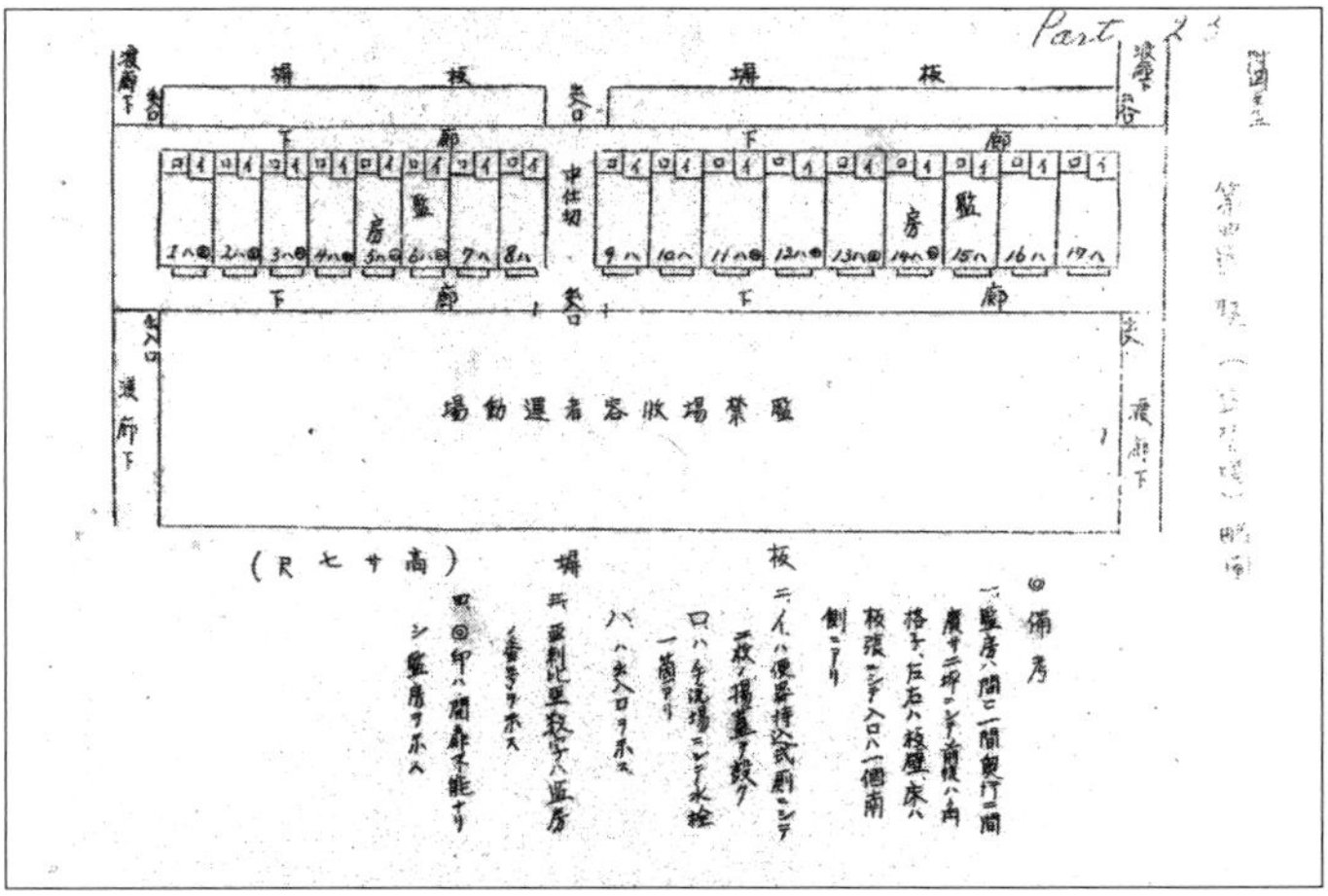

陸軍刑務所の全体図（上）と、米兵が収容されていた第四号監（★印）の監房配置図（下）

所蔵：国立国会図書館／原所蔵：米国国立公文書館

看守らが刑務所の焼け跡を確認すると、第四号監の中に三十四人、第二号監と第三号監の間など敷地内に二十八人の遺体が散乱していた。米兵たちは最初に刑務所に着いた時、目隠しされた状態で入れられたので、建物や門の配置を知らなかった。解放された一部の米兵は逃げ惑《まど》い、火の手に阻《はば》まれて焼死したとみられる。

田代は五月二十六日午前、刑務所を管轄する東部軍に空襲被害の報告に出かけた。田代が不在となったため、次長の越川の指示で、看守の神本と神戸が囚人を使い、米兵の遺体を防空壕に埋葬した。

米兵の身元特定に全力

死亡した六十二人の米兵は、日本を無差別爆撃した容疑で渋谷の陸軍刑務所に収監されていた。彼らが空襲した都市や地域はどこだったのか。

元所長の田代敏雄の法廷証言によると一九四四年九月、刑務所を管轄する陸軍東部軍の井上士郎《いのうえしろう》法務少佐《しょうさ》から、四人の米兵を収監したいと伝えられた。東京への本格的な空襲は同年十一月下旬からで、それより前の時期だ。当時から職員は不足し、囚人の脱走も起きていたため、田代は「それは困る」と難色を示したが、決定事項だとして押し切られた。

同じく四人の米兵に言及しているのが、元看守の神本啓司だ。戦後の法務省の聞き取り

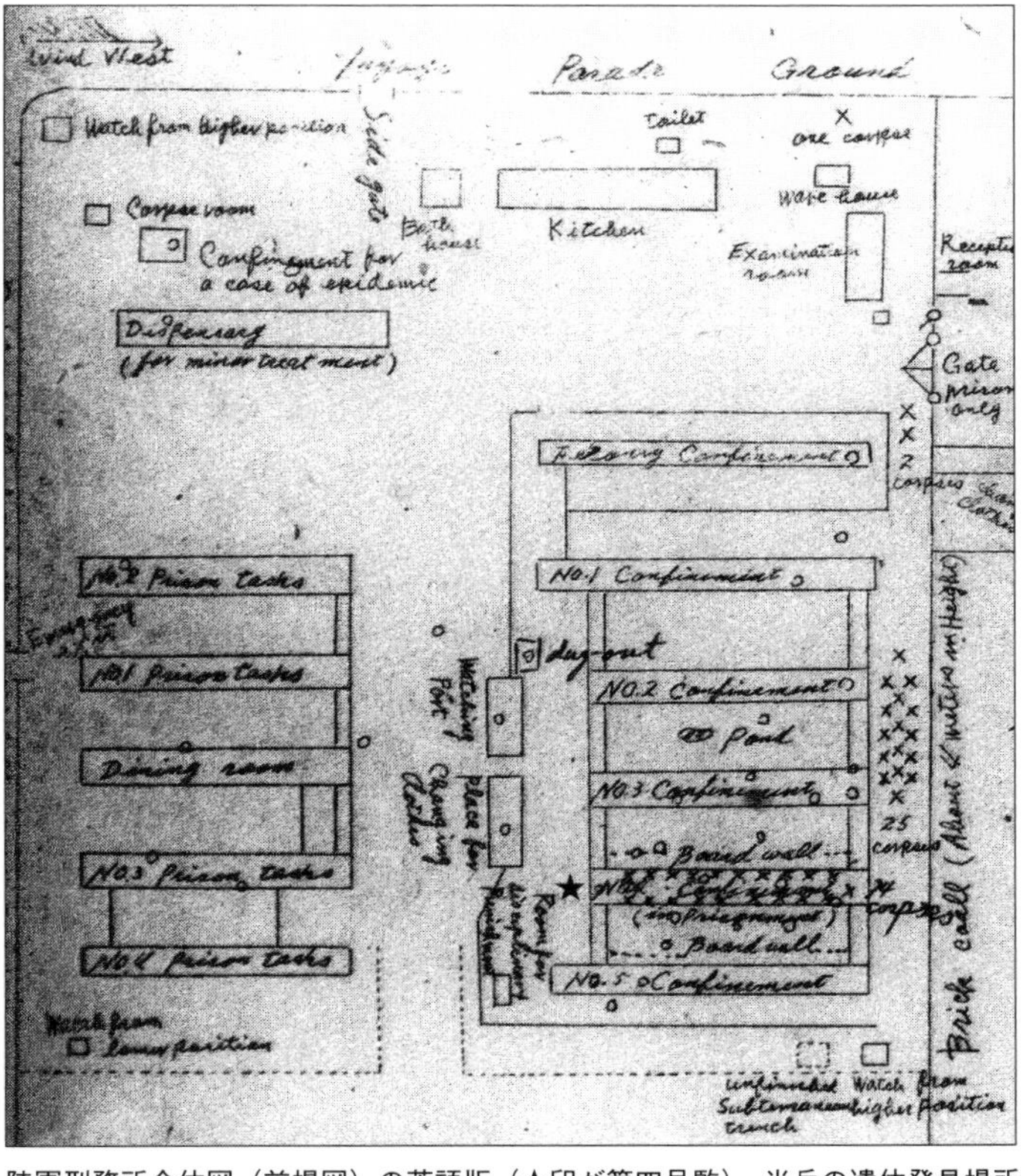

陸軍刑務所全体図（前掲図）の英語版（★印が第四号監）。米兵の遺体発見場所（×印）と焼夷弾が落ちた場所（○印）が示されている

所蔵：国立国会図書館／原所蔵：米国国立公文書館

調査に対し、渋谷の空襲より前の時期に、四人の米兵が釈放されたと述べている。
「第一回の八幡製鉄所を爆撃したＢ－29指揮官カールマイヤ大佐以下四名が釈放された。彼等は、軍事目標だけを爆撃したということで釈放されたものであった」

米軍の爆撃機Ｂ29による日本本土への初空襲は一九四四年六月十六日、福岡県八幡《やはた》市（現・北九州市）の八幡製鉄所を狙《ねら》ったものだった。東洋一とうたわれた八幡製鉄所は日清戦争に勝利して得た賠償金を活用し、一九〇一年に官営工場として開業した。ドイツの製鉄会社が設計や建設を担い、ドイツ人技師が指導するなど、実態は「ドイツ産」だった。

Ｂ29は中国・四川省の成都《せいと》の基地から出撃し、日本の鉄鋼生産の拠点を壊滅させようと企図した。だが空襲は夜間で命中せず、製鉄所の被害はほとんどなかった。

米軍は一九四四年八月二十日、白昼に二回目の八幡空襲を行ったが、製鉄所の心臓部の高炉などは被害を免《まぬが》れた。この時の空襲で、リチャード・カーマイケル大佐（一九一三～一九八三年）が乗ったＢ29が日本軍の迎撃機に撃墜され、同大佐ら四人が捕らえられた。先述の神本の回想は少し正確さを欠くが、田代や神本が言及しているのはこの四人を指す。

横浜裁判の弁護側資料には「カーマイケル大佐外三名軍律容疑事件（不起訴釈放）」「主任検察官　陸軍法務少佐　伊藤信男」と記したメモがある。八幡への空襲はあくまで製鉄所を狙い、無差別爆撃ではなかったとして、伊藤は米兵を不起訴処分にした。

カーマイケル大佐ら四人が釈放された後、渋谷の陸軍刑務所には一九四五年四月二十五日ごろに五人、五月九日に二十九人、翌十日に二十八人の米兵が収監された。捕虜ではなく、無差別爆撃をした戦争犯罪容疑者として軍法会議の裁きを待つ未決囚だった。これが空襲で死亡した六十二人に当たる。

戦後、GHQや米軍は、六十二人の死者の身元特定に全力を挙げた。

横浜裁判の第二回公判で、検察側証人の一人目は、戦犯を捜査するGHQ法務局調査課のチャールズ・ウィルソンだった。刑務所の焼け跡を掘り起こし、米兵が身に付けていた個人識別の認識票（ドッグ・タグ）を見つけ、一部の氏名を割り出したと述べている。

身元の確認作業を続けたのは横浜市に司令部を置く米第八軍の補給部で、ブルース・ケンドール大佐が指揮した。公判が最終盤の一九四八年六月二十六日付で報告書をまとめ、検察側が証拠として提出している。

報告書の作成者は、補給部の戦没者部門で管理部チーフを務めるロバート・レイ大尉《たいい》だった。レイ大尉は六月二十九日、検察側証人として「私の任務は第二次大戦の戦死者の捜索、遺体修復、身元特定です」と述べ、法廷で一連の作業を説明している。

報告書などによると、補給部は配下の第一〇八墓地登録小隊などに「リカバリーチーム」を設置。日本の空襲時に行方《ゆくえ》不明となった米軍機の乗員リストや、日本の当局から提供された情報を参照し、遺体の歯形や認識票、服装などから手がかりを探った。

本件で最初の調査は一九四六年二月で、五十八人の遺骨を掘り起こし、横浜市の「米軍横浜第一墓地」に改葬した。第一章で取り上げた佐世保《させぼ》の相当《そうとう》ダムの工事で死亡した米国人五十三人が改葬された場所だ。第一〇八墓地登録小隊は太平洋戦争中に日本で死亡した米国人の遺体や遺骨を全国から回収し、米本国への送還まで横浜で仮埋葬していた。

翌一九四七年七月、横浜の墓地で五十八人の遺骨を再調査した結果、別の六人の骨が混じっていることが判明した。さらに同年九月、第一〇八墓地登録小隊の「チーム3」が刑務所の焼け跡で、新たに一人の頭蓋骨《ずがいこつ》と歯を見つけた。これを受け、米軍は死亡した米兵を六十二人でなく六十五人と結論づけ、うち六十人の氏名を特定している。

米軍は遺骨から体格を推定し、六十五人の犠牲者全員を米兵とみなした。一方、日本側は検察側証人となった元看守らも、米兵は六十二人だったと主張し、犠牲者数についての見解は分かれている。

死亡した米兵たちが空襲した場所は、レイ大尉の報告書に添付された米兵の死亡者リスト（一九四八年六月付）から読み取れる。

リストには、一九四四年四月十二日にニューギニアのホーランジア（現・ジャヤプラ）付近で墜落したB24の搭乗員一人が含まれ、そんな場所から渋谷に移送されていたのかと驚かされる。

ほかはすべてB29の搭乗員で、一九四五年の一月二十七日に千葉県で墜落が三人。三月十日の東京大空襲の際に千葉県で墜落が一人、東京で墜落が一人、茨城県で墜落が二人いる。続いて四月二日に東京で墜落が十人。四月十三日に茨城県で墜落が十一人、千葉県で墜落が四人。四月十五日に神奈川県で墜落が三人。四月二十四日に埼玉県で墜落が五人などと記されている。米兵のほとんどは関東地方を空襲した搭乗員だった。

無差別爆撃の疑いで陸軍刑務所に収監されていた米兵たちは、味方から文字通りの無差別爆撃を受けて焼死した。今日と明日で立場が入れ替わる戦争の無情を物語っている。

所長の避難判断を追及

日本人の囚人は四百六十四人の全員が避難して助かったとされるが、米兵は全員が死亡した。戦犯を捜査するGHQ法務局調査課のチャールズ・ウィルソンは検察側証人として出廷し、同じ造りの監房にいたのに生死が分かれ、陸軍刑務所の対応を疑ったと証言した。

刑務所長の田代敏雄は戦後の法務省の聞き取り調査に「問題は、救出できなかったが、実際には何かできなかったであろうか。救出可能の道がなかったかという点であった」と述べている。田代が避難を決断したタイミングを含め、結果責任が問われた。

田代は一九四八年六月十八日の公判で検事の追及に加え、裁判官の補充質問を受けた。

裁判官「空襲は激しかったのに、避難命令が遅すぎたのではないですか」

田代「結果的には遅かったかもしれませんが、個人的には遅すぎたとは思いません」

裁判官「あなたの発言からしても、避難命令が遅すぎたと思うのですが」

田代「そうではありません。空襲が激しくて火の回りが早く、強風が吹いたため重大な結果になったのです。この結果を予測するのは不可能です」

避難先はあらかじめ、刑務所の向かいにある代々木の練兵場と決めていた。空襲当日に田代が判断した囚人の解放は、形式的には看守の付き添いなしの避難を意味したが、実際は看守が囚人を練兵場まで誘導した。田代は「計画に基づき、日本人を先に避難させ、その後に手が空いた看守に米兵の安全を確保させるつもりでした」と法廷で答えている。

日本人が先、米兵が後という考え方の背景について、田代は六月十五日の弁護側の質問で当時の世相を訴えた。

「B29の空襲の頻度や激しさが増すにつれ、米搭乗員に対する国民感情が非常に悪化していました。市街地への爆撃により、数万人が焼死しました。家を焼かれ、妻子や親、夫を殺され、空襲への憤りは頂点に達していました」

こうした状況下で、田代は「警護なしに米兵だけで外に出したら、当時の国民感情からして、危害を避けられなかったと思います」（六月十八日）と強調した。

囚人の数に対して看守が不足する中、日本人の囚人と米兵の同時避難は困難で、戦争犯罪容疑者の米兵が日本国民から暴行を受けないよう後回しにしたという理屈だ。

元看守の神本啓司は戦後の法務省による聞き取り調査に対し、田代の避難判断は「時機を失《しっ》した」と指摘しつつも、「多数の民衆が代々木練兵場に避難して来ておって、俘虜《ふりょ》を単独で出すときは、群衆から暴行を受ける虞《おそれ》があったため、護衛のことを考えて、最後に開鎖しようとした結果と思われる」と述べている。

田代の説明は一理あるが、結局は解放をもっと早く判断できなかったかという指摘は免れない。看守長の一人で検察側証人となった寺沢藤吉は、途中で消火は無理と判断して囚人の解放を進言したが、「田代は『もう少し様子を見よう』と言いました」と証言している。

はたして、「救出可能の道」となる次善の策はなかったのだろうか。

囚人を収容した各監房の付近には、防空壕が整備されていた。複数の検察側証人によると、五月二十五日の空襲時、日本人の囚人の一部は防空壕に避難した。収容人数に限りはあるが、解放命令で日本人の囚人は代々木の練兵場に避難したため、米兵が壕に入る余地はあった。一九四八年六月十五日の公判で、弁護側はこの点を確認している。

弁護人「敷地内のいくつかの防空壕は何のためでしたか」
田代「それは爆風の衝撃を防ぐためです」
弁護人「焼夷弾には、防空壕は役に立たないのですか」
田代「火が燃え広がると、煙で窒息する危険があります」
弁護人「第四号監にいた米兵を防空壕に入れなかった理由を説明できますか」

田代は、空襲の激化により米兵への国民感情が悪化していたと説明して「今述べたような理由で、監房の中に入れたままにするのが最良だと思いました」と答えた。

第四号監の前では米兵用の防空壕が建設中だったが、田代の判断で工事を中止させていた。そのまま完成させるか、付近のほかの防空壕に入れていれば、米兵の全滅はなかったかもしれない。

しかしながら、質疑は深まらず尻切《しりき》れとんぼで終わり、弁護人の質問は別のテーマに移った。

全員で口裏合わせ

陸軍刑務所で第四号監にいた米兵の解放をめぐり、看守の神本啓司の他に、空襲時に第四号監に入って扉を開けたと法廷で証言した人物がいる。神本と同い年の二十五歳だった看守の神戸初秋だ。神戸は現在の横浜・みなとみらい付近にあった俘虜収容所の勤務を経て、一九四四年半ばに渋谷の刑務所に配属されていた。

空襲の当日、神戸は刑務所で巡視の勤務に就いていた。警報が鳴り、病気の囚人が多い第二号監で立ち番をしていると、焼夷弾が命中して屋根が燃え始めた。屋根に上がってバケツの水で消火しようとしたが、らちが明かない。断念して屋根から降りると、同僚が「代々木に退避」と言って囚人を避難させ始めたので手伝ったという。

この後、神戸は「第四号監を解放せよ」と大声が聞こえたので、第二号監から第四号監に向かって、米兵を解放したと法廷で証言した。

「私は最初に十七番の房の扉を開け、次に十六番を開けました。十五番を開けていた時、焼夷弾の音が聞こえました。煙で窒息すると思い、第四号監から必死で飛び出しました」

「無意識で飛び出した後、敷地内の運動場にあった防空壕に行きました」

神戸の証言を読んでいると、同僚の神本の証言と酷似《こくじ》していることに気付く。

神本は監房の六番から十番までの扉を開け、焼夷弾の音で外に避難したと証言した。一方、神戸は十五番から十七番まで扉を開け、同じように焼夷弾の音で飛び出したという。神戸は第四号監にいた時、ほかの看守を見なかったと法廷で述べていた。神戸と神本は同じ第二号監にいて「第四号監を解放せよ」との指示を聞き、別々に第四号監に入って扉が重ならないように開けたことになる。

神本は神戸が後から入ったのではないかと法廷で説明したが、神本が焼夷弾に耐えられなくて命からがら飛び出したのに、その後に神戸が入ったのではつじつまが合わない。

このからくりは、戦後の法務省による聞き取り調査で明らかになった。神本は、当日の神戸について「病囚監（第二号監）の係で、病囚を待避させることに専念しておった」と説明。逮捕される前に集まって対応を協議した結果、神本以外の看守も米兵を解放していたという筋書きにしたと内幕を語っている。

「神本一人だけで救助に行ったのでは少な過ぎるから、誰《だ》れか希望者があれば、このとき救助に行ったということにして証言して貰《もら》おうということで、神戸が自ら名乗り出た。このことは、事件の審理を混乱に陥《おとしい》れる一つの原因になった」

法廷で次長の越川正雄も、第四号監の解放に神本と神戸を向かわせたと証言しており、全員が口裏合わせを実行したことが分かる。

だが、米兵を解放した看守を一人から二人に増やしたところで、米軍の心証がよくなるわけがない。法廷で各被告の証言に矛盾が生じ、混乱を来《きた》したのは当然だった。

「俺が米兵を斬った」

空襲から一夜明けた一九四五年五月二十六日の朝、看守らは代々木の練兵場に避難させた囚人を連れて、渋谷の陸軍刑務所の運動場に戻った。点呼を取ると、逃亡したのか、数人が行方不明になっていた。刑務所は焼けて再び収容できない。炊事場の近くで昼食の握り飯が配られ、午後に囚人は車で目黒の八雲《やくも》国民学校（現・八雲小学校）に移された。

後日、学校の一階に設けた休憩室で、看守の神戸初秋が数人の同僚に豪語した。

「俺はあの夜、米兵を斬《き》った」

空襲の四方山話《よもやまばなし》での発言で、神戸は酒を飲んで酔っていた。神戸が担当の日本人弁護士に宛《あ》てたメモには「俺は強いのだと偉く見せるため、ホラを吹いた」と記している。

続いて、横浜が大空襲を受けた五月二十九日、神戸は国民学校の教室に収容されていた囚人に対し、「俺は米兵を斬ったんだ」と吹聴した。神戸のメモによると「彼らに威厳を示すためと、恐れさすため」だったと釈明している。

神戸が二度も発言したことで、話は一気に広まった。

戦犯捜査に当たるGHQ法務局は元看守や囚人への取り調べで発言をつかんだ。米兵が避難の遅れで焼死したのでなく、殺害されたとなれば罪はより重く、事態は深刻化する。

横浜裁判の法廷には、神戸の発言を聞いたという元看守や囚人が検察側証人として続々と出廷した。元看守の男性は証人尋問で「四、五日くらいたって神戸が捕虜を突き刺したと自慢らしくいっているのを聞きました」と証言。別の元囚人の男性も「学校に移されてから、神戸看守から、逃亡している捕虜を斬ったというのを聞きました」と答えた。

一九四八年五月二十八日の公判で、検事は神戸を徹底追及した。

検事「火災の夜、あなたは実際のところ、何人の米兵を殺したのですか」

神戸「誰も殺していません」

検事「米兵を殺したと自慢したのは、ほかの人たちから英雄視されたかったからですか」

神戸「そうです」

検事「自慢した後、英雄視されましたか」

神戸「いいえ。そういう風には見られませんでした」

検事「なぜそういうことを言ったら、英雄視されると思ったのですか」

神戸「私はおしゃべりです。戦地から帰還した兵士たちがしばしば、中国人を何人斬ったかを自慢していたように、私も虚勢を張りました」

そもそも神戸は米兵がいた第四号監の解放に行っておらず、米兵と接触していないから、架空の自慢話だったという本人の弁明はそのまま受け取ってもいいと考えられる。

だが神戸の発言は尾ひれがつき、思わぬ波紋を呼ぶ。神戸だけでなく、看守の神本啓司も米兵を斬ったと、検察側証人の複数の元看守が証言したのだ。

「神本と神戸が米兵を斬ったと言っていたのを聞いた」

「神本が監房から出る米兵を斬ったと言っているのを聞いた」

「米兵が逃亡したとの報告を聞いた所長の田代敏雄が殺害を指示し、神本が斬った」

法廷で検事は米兵殺害をめぐる伝聞証言をこれでもかと示した。ただ、殺害の場所や加害者の組み合わせにパターンがありすぎて、逆に信憑《しんぴょう》性を損なっている印象がある。

神本は戦後の法務省による聞き取り調査で、検察側証人となった元看守たちの証言について「彼等《かれら》は主としてかつての陸軍刑務所に勤務した同僚先輩であるが、彼等の節操のない態度には憤慨した。ひいては、日本人のだらしなさを残念に思った」と批判している。

米兵殺害の疑惑はさらに、所長の田代と看守の大久保又一《おおくぼまたいち》に飛び火していく。

唯一の殺害目撃証言

戦犯を捜査するＧＨＱ法務局は元看守や囚人への取り調べを通じ、米兵殺害に関する直接の目撃証言を得ようと躍起になった。目を付けたのが、陸軍に入隊後に上官を暴行した罪で懲役二年となり、渋谷の陸軍刑務所で服役していた中川慶之助《なかがわけいのすけ》だった。

二十八歳の中川は一九四八年五月七日と十日、検察側証人として横浜裁判に出廷した。中川によると、空襲時は監房から出され、看守の消火を手伝った。解放命令が出て代々木の練兵場に避難しようと刑務所の門へ行くと、三人の米兵が逃亡して走ってくるのが見えた。門にいた所長の田代敏雄が、看守の大久保又一と神戸初秋に「逃がすな、殺せ」と指示し、大久保が二人、神戸が一人を斬ったのを見たという。

「大久保が刀を抜いて二、三歩前に出ました。そして一人目の米兵を刺しました」

「二人目が走ってきて、大久保が斬りました。頭ではなく、肩だったと思います」

「三人目が走ってきましたが、立ち止まったところで神戸が刺しました」

空襲の当日、刑務所には四百六十四人の日本人の囚人と、三十〜四十人の看守がいた。その中で、米兵殺害を目撃したという唯一の「決定的証言」がこれだった。

しかしながら、法廷で田代は囚人の解放を部下に命じた後、職場の必要書類を回収し、代々木の練兵場に避難したと答えている。
神戸は病人がいる第二号監の解放を手伝った後、米兵が入る第四号監の扉を開けたと虚偽の説明をしたが、その後は敷地内の防空壕で夜を明かしたと述べている。
大久保は一九三五年に満州《まんしゅう》（現・中国東北部）の野戦重砲兵《やせんじゅうほうへい》連隊に配属、一九三八年から渋谷の陸軍刑務所で勤務していた。翌一九三九年に中国・南京《ナンキン》の刑務所に異動し、一九四五年五月に渋谷の刑務所に看守として戻ってきた。空襲時は二十九歳だった。大久保は一九四八年五月二十四日と二十五日の法廷で、空襲当日の行動を語った。刑務所の仮眠室におり、第五号監から六人の囚人を出して消火を手伝わせた後、門で立ち止まらず囚人と共に通過し、代々木の練兵場に避難したという。
弁護人「中川は法廷で、あなたが二人の米兵を突き刺したのを見たと証言しました」
大久保「そのようなことは絶対にありません」
裁判官「法廷で中川は、囚人が避難していた際、あなたと神戸と田代が門に立って話をしていたと述べました」
大久保「それは間違いです」

田代、神戸、大久保の証言には、刑務所の門で何かしていたという話はまったく出てこない。中川の目撃証言と、被告三人の説明は真っ向から食い違う。だが神戸の「俺が米兵を斬った」という発言の衝撃は大きく、五人の被告全員は最悪の結末に追い込まれていく。

取り調べでの脅迫

元看守の大久保又一は裁判の前の取り調べ段階で、いったん米兵殺害を認めた。しかし、一九四八年五月二十四日の公判で、脅迫を受けて自白を強要されたと暴露戦術に出る。

弁護側が同日に提出した大久保の陳述書によると、一九四六年二月に氏名不詳の検事から一回目の取り調べを受けた。大久保が空襲の当日は第三作業場などで消火活動に当たった後、米兵が収監された第四号監の近くを通ったと話すと、検事は「第四号監から大声が聞こえたはずだ」と言った。大久保が否定すると、検事は「家に帰りたいのか、巣鴨《すがも》プリズンに行きたいのか。お前はうそをついている」とたたみかけてくる。大久保はこれ以上は無理だと諦《あきら》めて「はい。声を聞きました」と答えた。

その後は、脅迫と誘導の繰り返しだったという。大久保は第四号監に行っていないのに行ったと言わされ、米兵が房を破って出てきたのを見たことにされ、検事から「第四号監には日本人の囚人もいたはずだ」と問われた。大久保が否定すると、検事は「お前はうそをついている。多くの証人が証言している。まだ否定を続けるなら巣鴨行きだ」と憤った。大久保が、門を出て代々木の練兵場に避難したと説明すると、それを見たと言う人がいなければ証明にならないと検事が叫んだ。大久保は「私は非常に混乱して、証明しなければならないと思い、門の近くで吉田茂を見たと言いました。実際は、彼を一度も見ませんでした」と事情を説明している。

二回目の取り調べは一九四七年三月で、検事のほか、戦犯捜査を担当するＧＨＱ法務局の調査官ダグラス・マーティン大尉が立ち会った。大久保は巣鴨プリズンに投獄すると脅され、米兵の殺害を認めるよう強要された。聴取後、夜にマーティン宅に連れていかれ、米兵を殺害した場所を地図に書くよう紙とペンを渡された。

大久保「私は誰も殺していないので、地図に場所は書けません」
マーティン「お前は殺害を自白した。場所を思い出すべきだ」

大久保は拒否し続けたが、何度も自白を求められ、門で死体を見たと話した。マーティンは自ら地図に場所を書き込んで「これが証拠だ。お前はこれで絞首刑だ」と言い、大久保を午後十一時ごろ、巣鴨プリズンに連れていった。

刑務所の門で大久保が吉田茂を見たという話は、精神的に追い込まれた末のとっさの作り話に過ぎなかったが、検察側は大久保の米兵殺害を吉田が目撃したことにした。

一九四八年五月二十五日の法廷で、検事は大久保に尋ねている。

検事「東京の陸軍刑務所の火災に関し、前首相の吉田に手紙を書きましたか」
被告「はい。書きました」
検事「吉田から返信がありましたか」
被告「はがきで返信がありました。彼は、私の殺人行為を目撃したと証言していないし、私を見たこともないと書いていました」

ここまで大久保の陳述書に依拠《いきょ》して記述したが、大久保の説明は真実の可能性が高い。大久保以外にも、法廷で検察側の証人までもが検事や調査官の聴取で脅迫を受けたと証言したからだ。元看守長の寺沢藤吉は証人尋問で弁護側に答えた。

「最初の取り調べで検事は私にうそをついていると言い、巣鴨プリズンに行って考えたらどうだと、私のあごを押し上げました。私が机の近くに座っていると、調査官が来て机の上に座り、質問の間ずっと私の顔を押しつけるようにしました。彼は机をどんどんたたいて大声で話し、通訳は私に怒鳴りました。その夜、巣鴨プリズンに入れられました」

この調査官とはマーティン大尉のことだろう。

法廷で無関係の吉田茂の名前が飛び交った光景は滑稽《こっけい》にも見えるが、大久保に対する自白強要の産物にほかならなかった。

大久保は取り調べの実態を暴露し、身の潔白を訴えた。勝者の米軍を相手に蟷螂《とうろう》の斧《おの》を振るったに過ぎなかったが、それでも真実を訴えようとした若者の叫びだった。

次々と宣告された「絞首刑」

一九四八年七月八日、判決の日が訪れた。

午前六時、元看守で二十八歳になっていた神本啓司は、三階建ての巣鴨プリズンの独房で目を覚ました。朝食後、米軍の衛兵から出るよう促《うなが》され、階段で一階に降りると、他の事件の被告たちがすでに整列している。神本は六台目の護送車に乗り、正門から出発した。

巣鴨プリズンの現在地は、池袋《いけぶくろ》の商業施設「サンシャインシティ」に当たる。護送車は池袋駅前の繁華街を通り、新宿の百貨店伊勢丹《いせたん》の交差点を通過し、渋谷駅の前を走った。

「夢にだに忘れたことのない妻と子の住む渋谷だ。（中略）妻よ子よ、いつまでも健在であれ。そして無理ではあろうが多幸を祈っている」

神本は「死の絞首綱（ロープ）」と題した手記に、渋谷を通過した時の感慨をそう記している。

午前七時半、横浜地裁に到着し、ほかの事件の被告もいる控室でしばらく待機した。

「ゴー　アヘッド（進め）」

銃を所持した米兵が号令した。神本ら五人の被告は階段で三階に上り、突き当たりの第十号法廷に入る。傍聴席は米国人で埋まり、日本人も立ち見で詰めかけていた。

午前十時、カリネイン裁判長は開廷を告げると同時に、判決の言い渡しに入った。一番目は元看守の神戸初秋で、裁判長に促されて立ち上がり、裁判官席を向いた。

裁判長は、秘密投票で出席者の三分の二の裁判官が有罪を認定したと説明した。続いて判決を宣告した。

「絞首刑」

元看守の大久保又一は「もうだめだ」とつぶやきながら、二番目に立ち上がった。

「絞首刑」

三番目に元看守の神本啓司が立ち上がり、裁判長と向き合った。

「絞首刑」

米軍の速記録によると、神本は即座に「再審を求めます」と発言して退廷している。

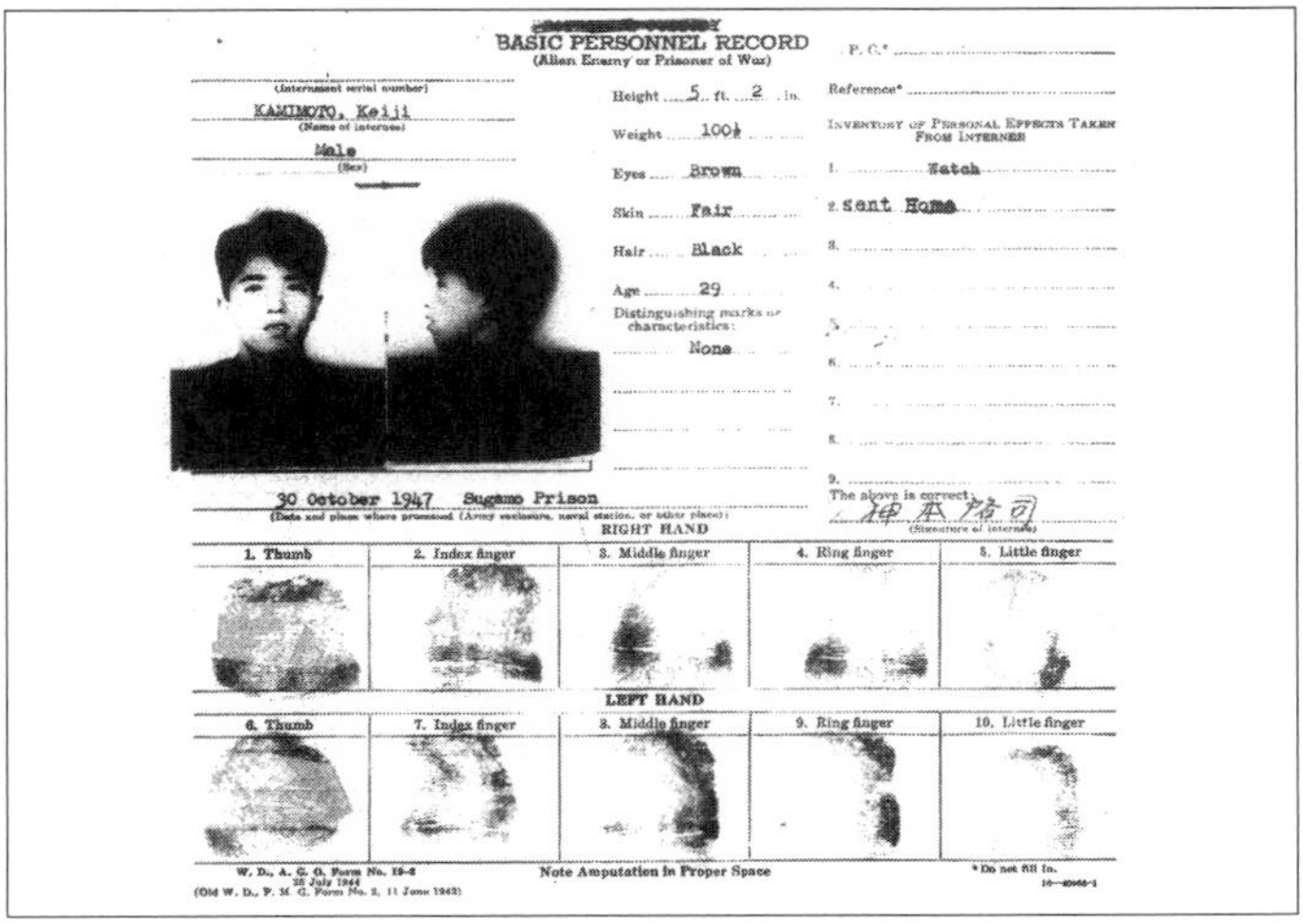

[redacted]

BASIC PERSONNEL RECORD
(Alien Enemy or Prisoner of War)

P. C.*

(Internment serial number)

KAMIMOTO, Keiji
(Name of internee)

Male
(Sex)

Height 5 ft. 2 in.

Weight 100½

Eyes Brown

Skin Fair

Hair Black

Age 29

Distinguishing marks or characteristics: None

Reference*

INVENTORY OF PERSONAL EFFECTS TAKEN FROM INTERNEE

1. Watch
2. Sent Home
3.
4.
5.
6.
7.
8.
9.

The above is correct.
神本啓司
(Signature of internee)

30 October 1947 Sugamo Prison
(Date and place where processed (Army enclosure, naval station, or other place))

RIGHT HAND

1. Thumb	2. Index finger	3. Middle finger	4. Ring finger	5. Little finger

LEFT HAND

6. Thumb	7. Index finger	8. Middle finger	9. Ring finger	10. Little finger

W. D., A. G. O. Form No. 19-2
25 July 1944
(Old W. D., P. M. G. Form No. 2, 11 June 1942)

Note Amputation in Proper Space

* Do not fill in.

法廷での五人の被告と、神本啓司の巣鴨プリズン収監記録

［上］所蔵：米国国立公文書館新館／提供：日本大学生産工学部 高澤弘明准教授

［下］所蔵：国立国会図書館／原所蔵：米国国立公文書館

四番目に元次長の越川正雄が呼ばれた。

「絞首刑」

最後が元所長の田代敏雄だった。

「絞首刑」

田代はその場で「皆さまのお手数をおかけし、感謝申し上げます。また弁護人たちの努力にも感謝します」と発言している。

開廷からわずか三十分で、五人に死刑判決が連発された。約六十回に及んだ長丁場《ながちょうば》の審理は午前十時半、幕を閉じた。

死刑判決を受けた神本の脳裏には、さまざまな顔が浮かんでいた。

「苦悩に満ちた妻の顔、あどけないうちにも憂いを含んだわが子の顔、同情に満ちた人々の顔、憎悪と侮蔑《ぶべつ》と嘲笑《ちょうしょう》とにゆがんだ見にくい顔、裁判官たちの優越感に満足しきった顔、裁判長のだるまのような顔、弁護士たちの悲憤にみちた顔、かつては死を共にしようぞと誓った同僚が敵国人である検察側の証人となり、我々に不利な虚偽の証言をなし、かかる運命へ陥れた三十幾人かの憎むべき顔」

神本は手記に、苦悩のあまり「発狂しそうだ」と記している。

閉廷後、横浜地裁から再び護送車に乗せられ、車は巣鴨プリズンへとひた走った。

「五名の死刑囚を乗せた死の護送車は突然、悪魔のささやきに霊柩車《れいきゅうしゃ》と化し、路を変じて一足飛びに火葬場へ急行しているのではあるまいかという錯覚が襲ってくる」

神本は絞首台のロープが手招きしているように感じた。神本は車中で「生ける屍《しかばね》」と化していたと心境をつづっている。

米国人弁護士の執念

横浜裁判では死刑判決が出ても、直ちに執行されるわけではなかった。米第八軍法務部の再審査官が公判記録を読み返し、量刑が妥当かどうかを検証する再審査が行われた。

主任弁護人のマドリックスは再審査で死刑判決からの減刑を勝ち取るべく、追加の証拠提出に動く。検察側証人となった元囚人の中川慶之助に狙いを定めた。所長の田代敏雄の指示で看守の神戸初秋と大久保又一が米兵を殺す場面を見たという、唯一の目撃証言を突き崩そうとしたのだ。

マドリックスは、横浜裁判の別事件の審理で裁判長を務めたフランク・トンプソン大佐を担ぎ出す。利害関係のない第三者として中川への面会を依頼し、目撃証言の信憑性を確かめてもらうことにしたのだ。一九四八年十一月八日、横浜市内でトンプソン大佐は速記者の立ち会いの下、中川に聴取した。

「法廷での発言はうそです」

中川はトンプソン大佐にそう告白した。

中川の説明によると、渋谷が空襲を受けた夜は刑務所の第三号監の房で眠っていた。空襲警報が鳴り、第三号監の囚人は全員、外の防空壕に移された。米軍の爆撃が始まると、看守から「健康な者は全員、消火を手伝え」と指示され、四、五人の囚人が応じた。中川は健康に問題はなかったが、手伝わず防空壕にとどまったという。

しばらくして代々木の練兵場へ避難せよと言われ、壕の外に出ると第三号監は激しく燃えていた。囚人は一斉に門へ向かう。中川は途中で看守に毛布をもらい、くるまりながら必死に走った。門は外向きに開け放たれ、門番の看守は誰もいない。中川が門を通り過ぎて代々木の練兵場にたどり着くと、すでに多くの囚人が避難していた。

中川はトンプソン大佐に一部始終を話し、法廷でうその証言をした理由を明かした。

「私は検察に明治ビルで尋問された際、脅迫されました。私は話を改変しなければならず、裁判が終わるまでそれを維持しなければなりませんでした。私が今日ここで話したことが真実です」

四十五分間の聴取を終えたトンプソン大佐は、中川の陳述書の記録にコメントを付した。「中川はマーティン調査官に取られた最初の供述書を虚偽だと話した。中川はマーティンの通訳から『この陳述（虚偽）をすれば、検察が中川を早期に釈放するよう手を回すが、中川が証言（何が真実かについて）を変えれば、罰せられて刑務所生活が続くだろう』と言われた」

第三者のトンプソン大佐が中川から引き出した陳述は客観性と信憑性を持ち、第八軍法務部に影響を与えることになる。

マドリックスは死刑判決から約半年後の一九四八年十二月二十一日付で提出した異議申立書で「判決で科された刑罰は合理的でなく、重すぎる」として量刑の見直しを求めた。その中で、元所長の田代の責任をめぐり、田代が空襲で米兵を故意に焼死させたかったのならば、米兵を解放しなかったはずだと主張した。避難の判断が悪かったと言われても、空襲被害は予想が付かないと指摘した。さらに日本海軍による米ハワイの真珠湾《しんじゅわん》攻撃で、米軍の対応はどうだったのかと逆に問いかけている。

「確かに六十二人の米国人が命を失いましたが、真珠湾攻撃では、ショート将軍とキンメル提督の判断がおそらくまずかったために、数百人の米国人の命が失われたのも事実です。しかし、彼らは今日まで判断ミスを問われて軍法会議にかけられるどころか、退役して軍人恩給を受け取っているではありませんか」

マドリックスは米国人のトラウマと言える真珠湾攻撃を持ち出してまで、渋谷の空襲で米兵が死亡したのは不可抗力だったとし、田代の判決は重くても懲役十年が相当とした。また、マドリックスは、検察や検察側の調査官が証人となる元看守らに誘導尋問をしただけでなく、脅迫を加えて発言を引き出したと批判。次長の越川正雄には何の権限もなく、看守の神本啓司、神戸初秋、大久保又一による殺害行為は証拠を欠き、「厳しすぎる判決は、米兵が死亡した代償を払わせる報復的な姿勢にほかならない」と非難した。

さらに「戦犯裁判の主な目的の一つは、戦争犯罪を問う裁きの場においてすら、民主主義の精神が徹底されていることを全世界の国民に示すことであり、軍事法廷の決定と検察の行為はこの最終目的に寄与しない」として、裁判官と検察をやり玉に挙げた。弁護人は被告を弁護するのが職務だとしても、真珠湾攻撃を持ち出し、裁判官と検察を糾弾するマドリックスの姿勢には目を見張るものがある。

仮に日本が戦争に勝ち、逆に米兵を戦争犯罪で裁いた場合、被告を担当する日本人弁護士は日本軍の対応や裁判官と検察をここまで批判することができただろうか。マドリックスが敵国だった日本の被告の死刑執行を回避するため、最後まで奮闘する姿は、米国の真の強さを個人レベルで見せつけられる思いがした。

一九四九年一月七日付の再審査の記録によると、米第八軍法務部のジェームズ・ラッキー再審査官は中川の証言に関し、トンプソン大佐の聴取を踏まえ「彼の証人としての信用は完全に崩れ去った」と指摘。田代を懲役六十年、越川を懲役十年、神本を懲役五年、神戸を懲役二十五年、大久保を終身刑に減刑するのが望ましいと勧告した。

これに対し、法務部長のアラン・ブラウン大佐は、田代と越川を死刑、神本、神戸、大久保を終身刑にすべきだとの意見を添え、第八軍のウォーカー司令官に提出した。

その後も中川の証言をめぐり、検察側と弁護側の攻防は続く。一九四九年二月に検察側の再聴取で中川が殺害の目撃証言をまたもや認めたかと思えば、マドリックス弁護人が翌三月に中川と面会して目撃を否定する発言を再確認した。

ラッキー再審査官はブラウン法務部長に宛てた一九四九年三月十日付の意見書で、中川の証言は「一貫性がなく、その矛盾した陳述を見れば、彼の証言にいかなる証明力があるのか」と疑問を呈し、検察側の調査官（マーティン）が聴取した中川の最初の供述書は「非倫理的で疑わしい手法により得られたものだ」と批判した。空襲の夜は六百人ほどの囚人と看守がいたのに、田代の指示で大久保と神戸が米兵を殺害したのを見たと証言したのが中川だけなのは信じがたく「この証人の証言は完全に無視すべきだ」と記している。

その後、第八軍のウォーカー司令官は一九四九年四月二十五日付で、ブラウン法務部長の勧告通りにマッカーサー元帥《げんすい》へ上申《じょうしん》した。この瞬間、元看守の神本、神戸、大久保は死刑判決を免れた。終身刑は厳しい判決に変わりないが、死刑とは天と地の差がある。

所長の田代は一九四九年五月、マドリックス弁護人に宛てて「再審査の結果、神本、大久保、神戸の判決が減刑された。これはあなたの努力に負うところが大きいと思う。本当に感謝したい」と記している。

神本ら三人を救ったのは、マドリックス弁護人の執念だった。

五人とも減刑に

五人の被告のうち、第八軍のウォーカー司令官は元刑務所長の田代敏雄と次長の越川正雄に対する死刑判決を承認し、マッカーサー元帥に最終判断を委ねた。

田代は一九四九年五月八日付で元帥に「責任は私にある」と記した嘆願書を出し、空襲時に非番で駆け付けて田代を支えた越川の減刑を訴えた。元看守の三人についても、死刑から終身刑に減刑されたとはいえ、そもそも彼らに米兵殺害の犯罪事実はないと強調している。年配の田代は部下をかばい、責任を取らされるのは自分一人でいいと考えていた。

元看守の神本啓司は戦後の法務省による聞き取り調査に「田代敏雄所長に対しては、検察官も弁護人も法廷も、その態度が武人らしいと賞賛しておった」と語っている。

首相と外相を兼任していた吉田茂は、裁判開始から約一週間後の一九四八年四月二日、田代に対する嘆願書を出していた。宛先《あてさき》は「ジェネラル」とある。

「彼にどんな罪があるかは知りませんが、私が代々木の刑務所に拘置されていた折、親切で可能な限り寛大な扱いをしてくれました。今でも彼に感謝しています。彼の人格を判断する際に私からの感謝の言葉を心に留めておいていただけるなら、苦境にあった私が彼から受けた善意に報いることができることでしょう」

しかしながら、再審査の記録によると、第八軍のブラウン法務部長はこれを一蹴《いっしゅう》した。「助命嘆願の一つは首相の吉田（彼は空襲当時に囚人だった）からだった。しかし、吉田は自分が受けた親切以外には言及していない。（中略）そうした親切心は賞賛すべきだが、多くの米国人を不法に死なせる結果を招いた被告の故意の行動よりも重視すべきとは言えない。死刑判決の承認を勧告する」

再審査では日本人的な義理人情に訴えても意味はなく、吉田の嘆願は功を奏していない。

吉田は著書『日本を決定した百年』（中公文庫）で、田代の友人が「『実は近く死刑が執行されるということだが、あの男は貴方《あなた》が入獄中随分と気を遣って面倒をみた男だ。この際何とか減刑の措置をとってもらえないだろうか』というのであった。そこで横浜の第八軍司令部にアイケルバーガー中将《ちゅうじょう》を訪ねてこのことを嘆願してみた。他の将校も居あわせていたので、中将は『外務大臣がそんなことをいわれては困る』と一応はいいながら当人と私の関係を詳細に聞いてくれた。その後どのような処置がとられたかは知らないが、おそらく減刑が聞き入れられたと思っている」と記している。

判決は一九四八年七月で、第八軍司令官は翌八月にアイケルバーガーからウォーカーに代わった。再審査を経てウォーカー司令官は一九四九年四月二十五日付で田代の死刑判決を承認している。時系列で見ると、吉田がアイケルバーガーに嘆願して田代が減刑されたという説明は成り立たない。

ただ実際、マッカーサー元帥は一九五〇年十一月十五日、田代を終身刑、次長の越川を懲役三十年に減刑した。当時は吉田茂が第三次内閣を率い、同年六月に朝鮮戦争が勃発《ぼっぱつ》して対日占領政策が軟化し、転換していく時期だった。

こうして五人の被告全員が死刑を免れた。だが巣鴨プリズンで刑務所暮らしは続き、田代は一九五八年に仮釈放されている。

憲兵隊司令官の逃避行

太平洋戦争中に吉田茂を逮捕した元東部憲兵隊司令官の大谷敬二郎は敗戦翌年の一九四六年四月、ＢＣ級戦犯に指名された。

一九四五年五月二十五日の渋谷を含む東京空襲で、Ｂ29の米兵搭乗員が足立区に不時着し、日本人二人を銃殺して抵抗した末、憲兵隊に捕らえられた。大谷は憲兵隊の上野分隊長に米兵の処刑を許容したなどの容疑で出頭命令を受けた。

大谷は逃げることにした。東京都内の自宅から奥多摩《おくたま》方面の山中に向かい、しかも妻ではない女性を伴っていた。占領下で三年弱にわたる逃避行が始まった。

大谷の著書『にくまれ憲兵』(日本週報社)などによると、山梨県に潜伏した後、一九四七年六月に長崎県上波佐見町《かみはさみまち》に移った。一九四八年六月、長崎市の伊王島《いおうじま》炭鉱などで茶の行商を始める。その後、佐世保市や上波佐見町を転々とし、一九四九年二月に長崎県諫早《いさはや》市の大草《おおくさ》駅近くで逮捕された。

戦犯捜査に当たるGHQ法務局の資料を読むと、大谷の立ち回り先を追う警視庁や山梨県警、長崎県警などの捜査資料が含まれていた。警視庁は大谷と近しい人物を内偵し、女性関係を洗い、親交がありそうな代議士に接触し、大谷に荷物を郵送した人物を割り出すなど、あらゆる手を尽くしている。

大谷が行方をくらませて半年が過ぎた一九四六年十月、山梨県身延町《みのぶちょう》で五十歳くらいの体格が似た男性の変死体が見つかった。大谷の親族らは山梨県警の聴取に対し、遺体や遺留品から「大谷と思われます」と答えている。だが、その遺体は大谷ではなかった。横浜裁判の再審査の記録では「自殺の偽装」と指摘している。

横浜裁判で大谷の審理は一九四九年四月から九月まで行われ、懲役十年の判決が下った。

ただ、再審査の記録を読むと特異な点があった。被告のプロフィールの末尾にある「軍事委員会からの嘆願書」という項目が「イエス」となっている。大谷に懲役十年の判決を言い渡した軍事委員会、すなわち裁判官が自ら減刑を求めているのだ。ほかの事件の再審査の記録を見ると、同じ項目は「ノー」ばかりだ。大谷のケースは異例と言っていいだろう。

嘆願書には、フランク・トンプソン大佐ら五人の裁判官全員の署名がある。「被告は明《めい》晰《せき》な頭脳を持ち、リーダーシップのある人物が求められる時には、日本の再建に大いに役立つと信じる」と持ち上げ、判決の大幅な減刑を訴えた。米軍相手にどんな手を使えばこうした芸当ができるのだろう。経緯は定かでないが、大谷の怪物ぶりを見る思いがした。

だが法務部のチャールズ・ジョージ再審査官は「大谷の戦後の逃亡と隠蔽《いんぺい》は有罪の証拠だ」と指摘し、裁判官による嘆願書を一蹴した。上司のチェスター・シルバーズ法務部長も再審査官に同調し「被告は非常に知的で、ずる賢い」と警戒感を示している。その結果、大谷は判決通り、懲役十年が確定した。

他方、渋谷の空襲で難を逃れ、刑務所を出た吉田は戦後、復権を果たす。五度にわたり組閣し、サンフランシスコ講和条約と日米安全保障条約に調印して日本外交の礎《いしずえ》を築いた。

吉田が逮捕される原因となった近衛上奏文は実を結ばなかったが、その主義主張は吉田の中で戦後も生き続けた。吉田は戦後の著書『大磯随想』（中公文庫）で力説している。「現に戦争中にも軍部は大分、左翼化していた。満洲国《まんしゅうこく》の如《ごと》きは右翼の連中のやったことではなくて、左翼の思想で作られたのである」

こうした陸軍赤化説《せっかせつ》と、陸軍に逮捕された体験を踏まえ、吉田は「軽武装・経済優先・日米安保重視」のレールを敷いた。私たちは今も、この吉田路線を歩んでいる。渋谷の陸軍刑務所は戦後日本の原点の地であり、そこには所長の田代敏雄らBC級戦犯の物語も眠っていた。

第三章

ニューギニアの米兵斬首と悲劇の連鎖

責任者不在の裁判

カイリル島という耳慣れない地名が妙に引っかかった。

横浜裁判で扱われた全三百三十一件の一覧表を眺めていると、カイリル島で米兵を殺害した罪で、海軍の少佐《しょうさ》が死刑判決を受けていた。

その島はどこにあり、どの国に属するのか、まったく思い浮かばない。

調べると、地球最後の秘境とも言われる南太平洋のパプアニューギニアだった。同国は赤道のほぼ直下で、オーストラリアから北へ約百六十キロメートルに位置する。グリーンランドに次いで世界で二番目に大きい島であるニューギニア島の北岸の離れ小島がカイリル島だ。

そんな辺鄙《へんぴ》な場所の事件までも、横浜で裁かれていたのかと意表を突かれる思いがした。

少佐が妻に宛《あ》てた遺書を読むと、子どもの行く末をひたすら案じていた。

「生活上やむなき場合は再婚されて構いません。しかし子どものことはいつまでもいつまでも忘れずに私の形見として立派に育てて下さい。（中略）今日を招いたのは実際不運としてあきらめ、信仰によって永遠の生命に生きます。（中略）思えば過去八年、縁によっておまえと結婚し、今日まで本当に不幸続きだったが、これも全く私が至らぬためでした」

カイリル島で少佐の身に起きた「不運」とはいったい、何だったのだろう。

横浜裁判の再審査の記録を読むと、太平洋戦争中の一九四四年、ロバート・ソープ少尉《しょうい》が乗った米軍機が、カイリル島の上空付近で撃墜された。少尉は泳いで岸にたどり着いたが拘束され、島に駐屯する日本海軍の第二七特別根拠地隊に身柄を引き渡される。少尉は尋問されて殴られ、拳銃で試し撃ちされた末、首を斬《き》られて殺害されたという。

横浜裁判では、海軍の現地司令部のナンバーツーに当たる首席参謀の大佐《たいさ》、参謀の少佐、大尉二人と兵曹長《へいそうちょう》の計五人が裁かれた。審理は一九四八年六月二十二日に始まり、七月六日に判決公判を迎えた。計八回のスピード審理だった。大佐に懲役二十年、大尉《たいい》二人と兵曹長に終身刑、そして少佐に死刑判決が言い渡された。

法廷で被告らは、現地司令官の命令で米兵を処刑したと証言している。命令は司令官から大佐へ、次いで少佐へ、さらに兵曹長へと伝達された。軍隊で絶対的な上官の命令が、そのまま現場に下りてきた分かりやすい構図だ。

命令系統で少佐は中間管理職のような立ち位置にあった。司令官に物を言える立場になく、かといって現場の末端でもない。上の命令を実行する現場責任者だった。

気になったのは、米兵の処刑を命じたという司令官は被告とならなかった点だ。どこへ行ってしまったのかと訝《いぶか》しんでいると、法廷速記録に次のやりとりが出てきた。

検事「彼は死んだのですか」

大佐「そうです」

司令官は敗戦の翌年、妻と二人の娘を道連れにして自殺し、この世にいなかったのだ。本来の責任者が不在の裁判の末、一九四九年五月二十八日、少佐は処刑された。佐賀県出身の大隈馨《おおくまかおる》、三十五歳だった。

裁判長はオーストラリア人

一九四八年六月二十二日午前九時、横浜地裁の第二号法廷で、カイリル島の米兵処刑事件の初公判が始まった。

検事はレオナルド・ランド、主任弁護人はエドマンド・ピーターズで、補佐の日本人弁護士を中村武と小野正広が務めた。

目を引くのは、裁判長にオーストラリア軍のフランシス・プレイス中佐が就《つ》いたことだ。

一九四七年の米軍電話帳の横浜版を確認すると、第八軍法務部の「戦争犯罪委員会」の欄に、裁判官として「F・G・プレイス中佐《ちゅうさ》」と確かに名前がある。国籍はオーストラリア（豪州《ごうしゅう》）で、宿舎は横浜の山手《やまて》地区と記されている。

米軍が開いた横浜裁判で、豪州の軍人が裁判長を務めたのはどういうわけなのだろう。アルバート・ライマン弁護士は米第八軍法務部で一九四八年から四九年にかけ、判決後に裁判記録を精査して量刑の妥当性を検証する再審査官を務めた。その経験から、米国の法律誌に「A Reviewer Reviews the Yokohama War Crimes Trials（再審査官が横浜戦犯法廷を再審査する）」と題して一九五〇年に寄稿し、裁判官の構成に触れている。

「しばしば裁判官には日本占領に参加した連合国の軍人も含まれたが、ほとんどを米陸軍の軍人が占め、米海軍の将校も時々含まれた。裁判は米兵捕虜《ほりょ》の虐待に限らず、すべての連合国民に対する悪事を管轄していた」

日本の俘虜《ふりょ》収容所には米兵だけでなく、豪州やカナダ、オランダなどさまざまな国籍の兵士がいた。横浜裁判は米兵以外に対する虐待も扱ったため、米軍以外の各国軍も裁判官を送り込み、部分的に関与することになったのだ。

横浜裁判の一覧表によると、プレイス中佐の場合、裁判長として最初に判決を下したのは一九四六年十二月だ。横浜市鶴見《つるみ》区の俘虜収容所派遣所と新潟市の派遣所で所長を務めた陸軍少尉に対し、懲役十二年を言い渡している。

プレイス中佐が初めて死刑判決を言い渡したのは、京城《けいじょう》や仁川《じんせん》の俘虜収容所などで勤務していた所長ら十二人の合同裁判だ。一九四七年九月、うち十人を懲役一年から三十七年、一人を無罪とし、水口安俊《みずぐちやすとし》少尉に死刑判決を下した。

一九四八年は、名古屋市を無差別爆撃した米軍のB29搭乗員を日本軍が処刑した事件で、米兵を裁いて死刑にした軍律会議の検察官だった伊藤信男法務少佐に死刑判決を言い渡している。このほか、千葉県に不時着した米軍の搭乗員を銃剣で殺害したとして、少尉を懲役十二年、上等兵二人を無罪にした。

プレイス中佐が裁判長として言い渡した判決は、絞首刑《こうしゅけい》から無罪までケースバイケースだ。米軍人の裁判長に比べ、量刑が苛烈《かれつ》だったのかは一概に言い難《がた》い。

米軍電話帳の戦争犯罪委員会の欄に並ぶ裁判官には、カナダ人のモス大佐や、英国人のイェーツ中佐らの名前もある。

モス大佐は一九四七年二月、新潟市の東京俘虜収容所第五分所でカナダ兵や米兵を虐待したとして、衛生兵の男性に懲役十五年、軍属の男性に懲役四十年を言い渡した。この収容所にはカナダ兵が約百人いたとされる。

また、広島俘虜収容所第二分所（愛媛県新居浜《にいはま》市）などで豪州軍やオランダ軍の捕虜が虐

カナダ人のモス大佐が裁判長で、プレイス中佐が陪席裁判官を務めた横浜裁判の法廷場面、1946年6月25日。同年8月には、被告13人のうち2人に死刑判決が下された

所蔵：横浜市史資料室／原所蔵：米国国立公文書館

待された事件でも、モス大佐が裁判長を務めている。陪席《ばいせき》裁判官はプレイス中佐ら豪州軍が五人と、米軍がたった一人という異例の構成だった。十三人の被告を裁き、一九四六年八月に所長の村上宅次《むらかみたくじ》大尉ら二人に死刑判決を言い渡した。

米第八軍法務部のアラン・ブラウン部長は、横浜裁判の国際性に言及している。長野県平岡村《ひらおかむら》（現・天龍村《てんりゅうむら》）にあった東京俘虜収容所の平岡（満島《みつしま》）分所の元所長ら五人に死刑判決が下されたケースでは、裁判官にカナダ人と英国人の将校も含まれていたとして、横浜裁判の「国際的な側面は明らかだ」と指摘した（一九四八年一月二十二日の再審査記録）。

横浜裁判は米軍が開いたが、英国、豪州、カナダの英連邦諸国のメンバーも裁判官に加わり、「連合国軍の裁判」の側面もあった。カイリル島のケースはその一つと言えよう。

日豪戦争とマッカーサー

豪州軍のプレイス中佐がカイリル島事件の審理で裁判長を務めた背景には、太平洋戦争中の米軍と豪州軍の共闘関係があった。

太平洋戦争で、日本軍が豪州軍と死闘を繰り広げた「日豪戦争」の側面は見落とされやすい。日本軍は豪州本土の北部の都市ダーウィンを空爆したほか、最大都市シドニーの湾口を特殊潜航艇で急襲し、豪州の国民を震え上がらせた。

日豪両軍の激戦地の一つがニューギニア島だ。島の西部はオランダ領東インド、東部が豪州領に分断されていた。

開戦翌年の一九四二年三月、日本軍はニューギニア島の東部から上陸し、現在のパプアニューギニアの首都ポートモレスビーの攻略を目指すが、米豪連合軍の反撃で退却を余儀なくされた。島は熱帯のジャングルに覆われ、食糧不足やマラリアで餓死や病死が続出した。ニューギニア戦線では日本軍の約二十万人のうち九割が倒れ、「死んでも帰れぬニューギニア」と言われるほど悲惨だった。

日本の陸海軍はニューギニア島の東部で敗北を重ね、海軍は北岸のウェワクの沖合に位置し、爆撃を受けていないカイリル島に部隊の一部を移した。一九四四年三月、海軍はカイリル島に第二七特別根拠地隊を編成し、佐藤《さとう》四郎《しろう》少将《しょうしょう》が司令官に就いている。

一方、米豪連合軍を率いたのがマッカーサー元帥《げんすい》だった。緒戦のフィリピン戦で日本軍に敗れ、豪州に脱出して「アイシャルリターン」と誓った元帥は、南西太平洋方面連合軍の総司令官に就き、豪州のメルボルンに司令部を置いた。

フィリピン奪還のルート上に位置し、地政学的に重要性を持ったのがニューギニア島だった。米軍は一九四四年四月から六月にかけ、日本の陸海軍が駐留する北岸のホーランジア（現・ジャヤプラ）を占領。マッカーサー元帥は同所に司令部を移し、離れ小島のカイリル島には目もくれず、フィリピンを目指した。

第二七特別根拠地隊は取り残されて孤立し、自給自足の籠城《ろうじょう》に入る。目立った戦闘はなかったが、伝染病や栄養失調などのため、約千四百人のうち約八百人が死亡したとされる。

敗戦を迎え、司令官の佐藤少将は一九四五年九月十日、カイリル島の沖合に停泊した豪海軍の艦艇《かんてい》「ＭＬ　８０５」にボートで乗り移り、降伏文書に署名した。降伏の証《あかし》として、軍刀を豪陸軍のホレス・ロバートソン少将に引き渡した。署名を終えた佐藤司令官が艦艇の甲板を歩く様子や、ボートで帰る後ろ姿が写真に残されている。

ロバートソン少将は、豪州軍の兵士たちが戦死した際の状況を検証するため、調査委員会を立ち上げた。そしてカイリル島にも追及の手が伸びた。

米兵病死の偽装工作

戦犯捜査に当たるＧＨＱ法務局の文書によると、敗戦後の一九四五年十二月、海軍第二七特別根拠地隊の上等兵曹が、豪州軍の担当者をカイリル島の墓地に案内した。上等兵曹は三人分の遺骨を引き渡し、うち一人は米兵、二人は豪州軍の兵士で、マラリア感染で病死したと説明した。だが実は、戦死した三人の日本兵の遺骨とすり替えたものだった。

なお、死亡した豪州軍の兵士は横浜裁判の管轄外となったため、米兵一人に限って見て

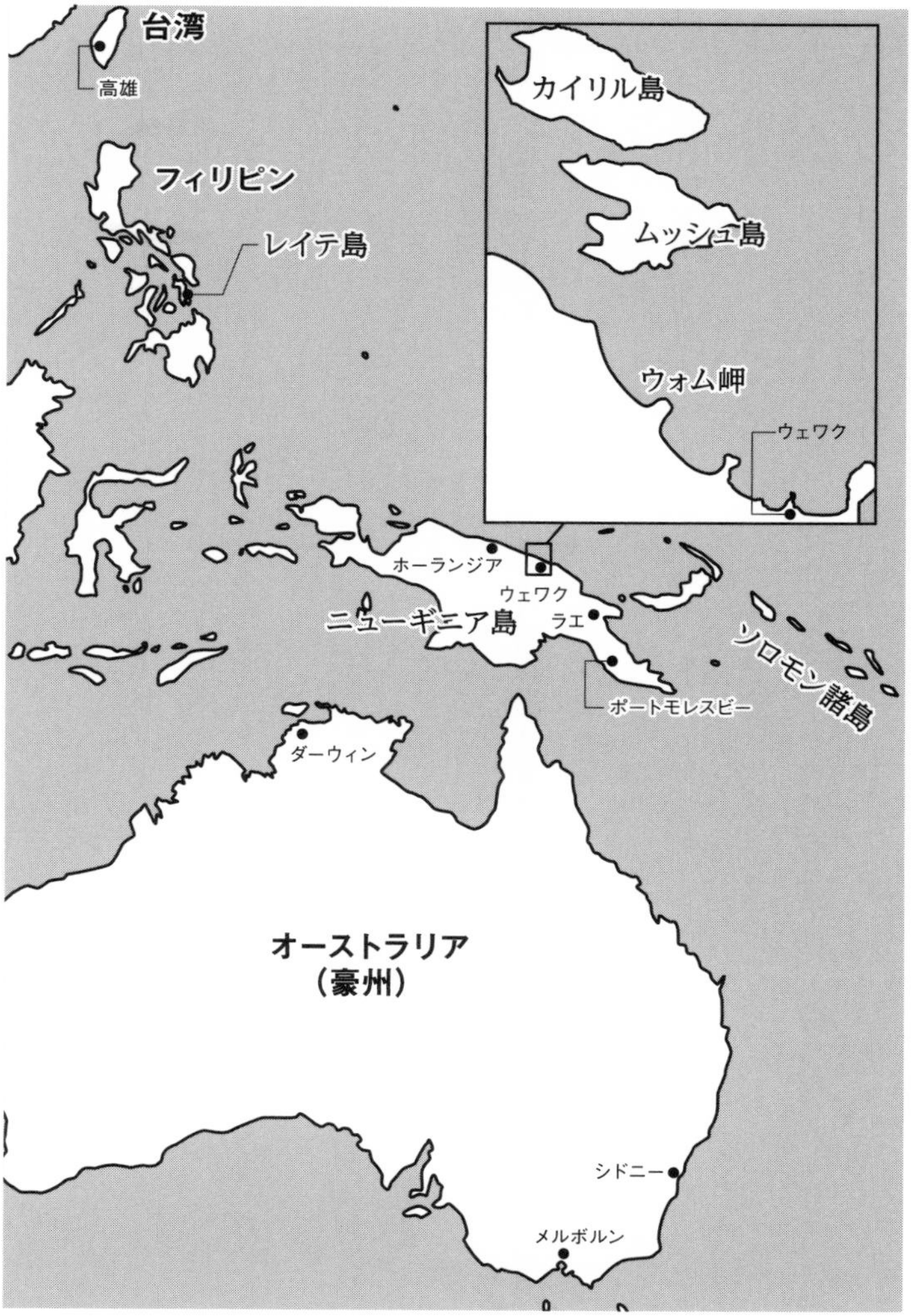
台湾
高雄
フィリピン
レイテ島
カイリル島
ムッシュ島
ウォム岬
ウェワク
ホーランジア
ウェワク
ニューギニア島
ラエ
ポートモレスビー
ソロモン諸島
ダーウィン
オーストラリア
（豪州）
シドニー
メルボルン

いきたい。

豪州軍のジョン・スティード大尉は直ちに、ニューギニア島の北岸のウェワクに近いウォム岬で尋問に乗り出した。第二七特別根拠地隊の丸山和雄《まるやまかずお》軍医は尋問に対し、捕らえた米兵を病院に搬送したが、熱を出してマラリア感染が悪化したため死亡したと答えている。続いて聴取された能登清久《のときよひさ》大佐も「米兵は捕らえてから約二十日後に死亡しました。死因はマラリア感染だと思います」と説明した。

豪州軍はこれらの尋問記録を十二月三十日付で報告書にまとめ、米兵の死因は「マラリア」と記している。

その後、丸山軍医は結核のため、帰国して東京都内に入院していた。最初の聴取から二年弱が過ぎた一九四七年十月二十三日、丸山軍医は豪州軍宛てに自筆の陳述書を提出。米兵が病死だったとの説明はうそで、刀で処刑するまでの一部始終をつづっていた。

丸山軍医の陳述書によると、戦後まもなく、カイリル島から隣のムッシュ島に移った際、司令官の佐藤四郎少将から、米兵を病死扱いにするよう口裏合わせを命じられた。

この陳述書を受け、豪州軍が聴取した第二七特別根拠地隊の雨森勇《あめのもりいさむ》も口を割った。

「ムッシュ島で佐藤司令官は部下を集め、カイリル島での処刑については沈黙を保ち、豪州軍に尋問された場合は病死と言うよう命じました」

丸山軍医が陳述書を提出した経緯は不明だが、「どうも不審な点が多いから、いずれ内地で再調査を行なう」（『遺された妻』上坂冬子、中央公論社）という経緯もあり、豪州軍が追及を続けた結果とみられる。

米兵病死の偽装工作は一時的に成功し、海軍の軍人らは一九四六年から順次、日本に帰国した。だが結局、豪州軍に見破られた。

豪州軍は、米兵の処刑に関する日本側への尋問記録を東京のＧＨＱ法務局に提供した。ＧＨＱ法務局は日本で軍人らに聴取を重ね、米軍の横浜裁判に付した。

米兵の死因を偽装した経緯は当然、法廷の場で取り上げられた。一九四八年六月二十五日の第四回公判で、検事は被告の能登大佐を追及している。

検事「米兵について、豪州軍に説明したことはうそだったのですか」
能登「そうです」
検事「なぜ、うそをついたのですか」
能登「佐藤司令官の命令だったからです。私は単にその通りにしただけです」
検事「戦争が終わった後も、司令官の命令に従う必要はあったのですか」
能登「軍の決まりで、本土に帰国できるまでは従うことになっていました」

能登大佐は司令官の命令に従ったとして、偽装工作をあっさり認めた。

だが、司令官はすでに他界していた。横浜裁判では責任の行方《ゆくえ》をめぐり、五人の被告のうち誰がジョーカーを引くのか、トランプのババ抜きのような状況が出現した。

カイリル島に高砂義勇隊

事件の発端は空から降ってきた。

米軍機が墜落し、搭乗員のロバート・ソープ少尉がカイリル島に流れ着くと、台湾の高《たか》砂《さご》義勇隊がそこに待ち受けていた。

高砂族は日本が統治していた台湾の先住民で、勇敢な気質を持ち、山地や密林での行動を得意とする。日本軍は太平洋戦争の開戦後、フィリピンやニューギニアなどの南方作戦に、高砂族で編成する義勇隊を投入していた。

菊池《きくち》一隆《かずたか》の著書『日本軍ゲリラ台湾高砂義勇隊』（平凡社新書）によると、義勇隊は当初、軍属として荷物の運搬や道路の開拓などに従事した。だがのちに陸軍中野学校で訓練を受け、フィリピンのレイテ島で空挺部隊による奇襲攻撃を敢行。ニューギニアでは豪州軍にゲリラ戦を展開した。第四回高砂義勇隊の二百人は一九四三年三月に台湾の高雄《たかお》を出発し、その一部がカイリル島にいたとみられる。同義勇隊を率いたのは、台湾の台北州《たいほく》警務部に属する日本人警察官の馬場警部だった。

横浜裁判で被告とされた五人のうち、カイリル島で最初に米兵を目撃したのは藤平直忠《ふじひらなおただ》兵曹長だった。一九四四年六月のある日の午前八時ごろ、藤平兵曹長は海軍第二七特別根拠地隊の本部から北に約二キロの高砂義勇隊のバラックを訪れた。馬場警部とは旧知の仲で親しく、前夜に高砂義勇隊が島の北部で捕らえた米兵を見せられた。

裁判で検察側が証拠として提出した供述書で、藤平兵曹長は米兵の様子を語っている。

「二十二歳くらいで目隠しはされず、縄で後ろ手に縛られ、多くの高砂義勇隊員が警護していました」

馬場警部は米兵の捕獲を一報するため、米兵を残して第二七特別根拠地隊の本部に向かった。馬場警部に後から米兵を連れて来るよう頼まれた藤平兵曹長は、二人の高砂義勇隊員に警護させながら、本部から約五十メートル離れた防空壕《ぼうくうごう》の前に移送した。時刻は昼過ぎだった。

本部では司令官の佐藤四郎少将、ナンバーツーの首席参謀の能登清久大佐、参謀の大隈馨少佐、山本恒彦大尉らがいた。能登大佐は横浜裁判で検察側の質問に対し、米兵捕獲を知った時の状況を説明している。

「本部にいた時、高砂義勇隊の一員が入ってきて、捕虜を連れて来ると言いました」

この報告者は義勇隊を率いた馬場警部だ。そして、能登大佐は米兵から軍事情報を引き出すため、大隈に尋問を命じた。

大隈は一九一四年、佐賀県神埼《かんざき》郡で生まれた。地元の中学校を経て、一九三七年に京都府舞鶴《まいづる》の海軍機関学校を卒業。一九四四年三月、横浜からニューギニアへ渡り、カイリル島の第二七特別根拠地隊に配属されていた。

能登大佐の命を受けた当時三十歳の大隈はペンと紙を持ち、米兵が連行された防空壕の前に向かい、英語ができる雨森勇が通訳として付き添った。

約二十人の兵士や、数人の高砂義勇隊の隊員が見守る中、米兵への尋問が始まった。

米兵への尋問と殴打

「米兵は二十歳くらいで、米国のボストンの近くで生まれ育ち、母親は健在だと言っていました」

大隈馨少佐の供述調書によると、防空壕の前にいた米兵のロバート・ソープ少尉は、上半身が裸で、与えられた日本海軍のカーキ色の短パンをはき、後ろ手に縛られて立っていた。体の傷は見受けられなかったという。

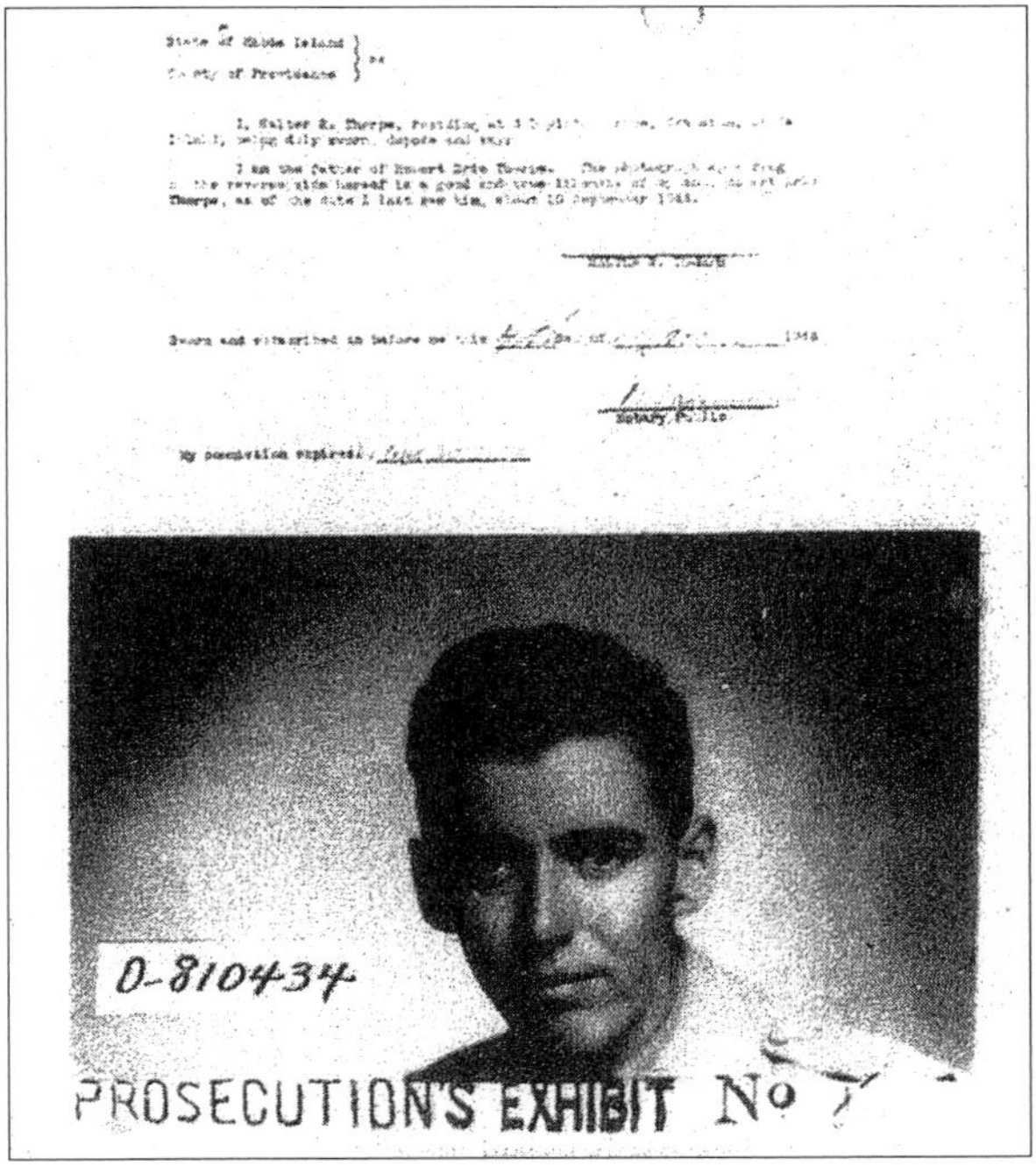

カイリル島で斬首された若き米兵。検察側が提出した証拠資料

所蔵：国立国会図書館／原所蔵：米国国立公文書館

米兵は戦闘機サンダーボルトのパイロットで、ニューギニア島の東部ラエ付近の飛行場から離陸し、カイリル島の東で撃墜された。流木につかまって泳ぎ、カイリル島にたどり着くまでの経緯が尋問で明らかになった。

ただ、米軍の情報を引き出そうとした大隈の尋問に対し、米兵の答えは要領を得ず、大隈は平手打ちした。尋問が終わると、取り囲んでいた兵士たちが米兵に殴打を始めたが、大隈は傍観して止めなかったと検察側に供述している。

しかし、この殴打をめぐっては、ほかの被告や検察側証人の話と食い違いがある。

被告の藤平直忠兵曹長は検察側の供述調書で、大隈が「殴りたければ構わない」と言ったため、平手で米兵の顔を一、二回殴ったと認めた。ほかの兵士たちによる殴打は五分ほど続き、米軍機の空襲に対する報復だと叫んでいたという。

通訳として尋問を補佐した雨森勇は検察側の供述調書で、大隈が「殴りたければ前に出て殴れ」と言い、二、三人の兵士が米兵を殴ったと述べている。

第二回公判の一九四八年六月二十三日、検察側証人として出廷した男性も、大隈がその場の全員に米兵を「殴ってよい」と言ったと説明した。

大隈は六月二十八日の第五回公判で、殴打の指示を出したかどうかをめぐり、ランド検事から追及を受けた。

検事「あなたは米兵の尋問に責任がありましたか」
大隈「はい」
検事「集まった兵士に、米兵を殴っていいと言いましたか」
大隈「そのようなことを誰かに言った記憶はありません」
検事「言わなかったという理解でいいですか」
大隈「誰かに対してではなく、自分自身に言ったと思います」
検事「声に出して言いましたか」
大隈「とても低い声で言いました」
検事「誰にも聞こえなかったのですか」
大隈「普通のトーンの声で言いました。ほかの人たちにも聞こえたかもしれません」
検事「では、ほかの人に殴っていいと言ったことを認めるのですね」
大隈「あくまで自分自身に対して言いました」

大隈は、独り言に過ぎなかったと釈明している。判決後に裁判官に宛てた手紙でも、罪に問われた米兵殴打の指示をめぐり「巣鴨拘置所《すがもこうちしょ》内にて弁護団から『有罪を認めた方があなたのためによい』と言われ、内心は不服でしたが自分のためによいならばと言う訳で認めた訳です」と記している。

能登大佐は大隈に米兵の尋問を命じたが、殴打まで指示していない。ほかの被告や検察側証人の証言が相次ぎ、米兵への殴打は大隈が指示したと法廷で印象づけられた。

結局、大隈は米兵からめぼしい情報を引き出せず、尋問を二十〜三十分で切り上げて本部に戻った。

司令官の処刑命令

カイリル島に置かれた海軍第二七特別根拠地隊の本部で、大隈馨少佐から尋問の報告を受けた能登清久大佐は「捕虜を処分せよ」と大隈に命じた。

一九四八年六月二十五日の第四回公判で、能登大佐は司令官の佐藤四郎少将が捕虜の処刑を決定したと説明し、そのやりとりを明かしている。

検事「佐藤司令官はあなたに処刑について何と言いましたか」

能登「(大隈)少佐に捕虜を処刑するよう伝えよと言われました」

検事「あなたは何か言いましたか」

能登「私は米兵の処刑に反対しました。米兵はスパイではないので、処刑は正しくないと司令官に言いました」
検事「日本の海軍には命令に反対してもよい慣習があるのですか」
能登「意見を言うことは何も悪くないと思います」

能登大佐と佐藤司令官のやりとりの続きは、弁護側による能登大佐の陳述書に記されている。それによると、佐藤司令官は「私は最近まで日本の本土にいたので、捕虜の扱いは最新の事情に通じている。日本本土への空襲に関わった米軍の搭乗員は処刑された。(ニューギニア島の)西部に米軍が上陸した現下の情勢において処刑はやむを得ない」と主張した。能登大佐はそれ以上反対すると罰せられることになるため、命令に従ったという。

佐藤司令官とはいかなる人物だったのか。『陸海軍将官人事総覧　海軍篇』(芙蓉書房)で経歴を確認すると、福島県出身で海軍兵学校を卒業し、一九四三年十月に佐世保《させぼ》警備隊司令官兼第一海兵団長を務めた。第一章で取り上げた頴川幸生《えがわさちお》が所属する相当《そうとう》警戒隊を配下に持つ佐世保警備隊のトップだ。一九四四年三月二十五日、第二七特別根拠地隊の司令官としてニューギニアに赴任している。

能登大佐が実際に処刑に反対したかどうかは、佐藤司令官が自殺して死人に口なしとなったため、留保が必要かもしれない。だが佐藤司令官の処刑命令があったことは、判決後に裁判記録を精査した米第八軍法務部の再審査官が、ほかの証言と照らし合わせて事実認定している。

佐藤司令官は戦後に自殺し、五人の被告の中で能登大佐が命令系統の最上位に浮上した。窮地に追い込まれた能登大佐はどう身を処したのか。

初公判の一九四八年六月二十二日、検察側の起訴状朗読後、裁判長が被告に起訴事実が間違いないかを尋ねる罪状認否が行われた。冒頭の手続きで、被告は否定することが多い。

能登大佐の訴因は一つだけで「米兵捕虜のロバート・ソープ少尉の不法なる殺害を、故意かつ不法に命令、指揮、許容した」との内容だった。米軍の法廷速記録によると、能登大佐の罪状認否では、次のようなやりとりが交わされた。

プレイス裁判長「最初は能登清久被告です。立ち上がって下さい。朗読された罪や訴因について聞きます。有罪ですか、無罪ですか」

能登大佐「私は有罪だと考えます」

プレイス裁判長「有罪だって？　彼はその意味を分かっていますか」

速記録の字面だけでも、裁判長の驚きぶりが伝わってくる。

当時四十五歳の能登大佐は、二十代から三十代の他の被告たちを守ろうとしたのだ。

旧海軍関係者の復員を担う第二復員局横浜出張所の職員は毎回、裁判を傍聴して日報を記していた。職員は罪状認否のくだりについて、能登大佐の「有罪主張は部下の罪を一身に負わんがために行われたるものと思わる。弁護技術上、不利齟齬《そご》を来《きた》すことあるかも知れざるも、その心中敬服の至り」としている。

なお、大隈は罪状認否で五つの訴因のうち、第一の米兵殴打、第二の米兵殴打の命令・指示・許容を認めた。第三の殺害への参加、第四の殺害の命令・指示・許容、第五の遺体冒瀆《ぼうとく》の命令・指示・許容は否認している。

さまよう責任の所在

司令官の佐藤四郎少将は能登清久大佐に米兵の処刑を命じ、能登大佐は大隈馨少佐に命令を伝達した。その後、大隈が、処刑を執行した織田沢裕《おだざわゆたか》兵曹長にどう伝えたかをめぐっては、双方の説明に食い違いが生じている。

検察側の取り調べに大隈が答えた供述調書によると、誰が織田沢兵曹長に命じたかは知らないとして「彼は大胆な人間なので、執行を志願したに違いない」と述べている。

一方、織田沢兵曹長は検察側の供述調書で、当日の午後、米軍の空襲があったため防空壕に避難した際に大隈と一緒になり、捕虜の処刑命令を聞かされたと答えている。

一九四八年六月二十八日の第五回公判で、「織田沢は志願だったのか」との検事の質問に対し、大隈は供述調書の変更を申し出て、自ら命令を伝達したと認めている。

「『私が能登大佐の命令を織田沢兵曹長に伝えました』と変えて下さい」

この第五回公判で、大隈はほかにいくつも供述調書の変更を求めた。

傍聴していた第二復員局横浜出張所の職員は、日報で懸念を示している。

「俘虜尋問及《およ》び処刑の場面、処刑下令《かれい》の点に関する証言につき、検事側に提出の口供書との食い違い対し、検事側より反対尋問を受け、変更する所多く、裁判所の心証《しんしょう》よろしからざるものと思わる」

六月三十日の第七回公判で、織田沢兵曹長は検事の質問に対し、大隈の供述調書にあった「志願」の記述は「大きな誤りだ」と批判した。大隈から米兵の処刑は司令官の命令だと言われたため「当時の私の立場では何もできませんでした。それで（命令に）抗議はしませんでした」と答えている。

判決後に織田沢兵曹長は、巣鴨プリズンからの釈放運動のため、収監された被告でつくる巣鴨法務委員会の書類に、大隈を念頭に次のように記している。

「責任を回避し、命令下令を否認せる点（後、私との対決により、その下令をようやく承認した）」

「不可避なる受命行動で誠にやむを得ざる行為であった」

このように、ナンバーツーの能登大佐が冒頭の罪状認否で有罪を潔く認めたものの、現場レベルでは命令の伝達をめぐって押し付け合いのような事態が生じた。指揮命令系統で末端の立場にあった織田沢兵曹長からすれば、直属の大隈から命じられたことは明白だった。しかし、大隈にとっては、能登大佐からの命令を織田沢兵曹長に取り次いだにすぎず、自身が命令したわけではないとの意識があったとみられる。

大隈は供述を変遷させて重罪を回避しようとした可能性があるが、ここでは受命《じゅめい》と下命の二つの立場を担わされ、板挟みになっている点にむしろ着目すべきだろう。

織田沢兵曹長が大隈の供述調書の内容を否定した第七回公判について、傍聴していた第二復員局横浜出張所の職員は日報で、被告同士の見解の衝突を嘆いている。

「彼の答弁と[redacted]（注・黒塗り）被告の答弁と異なる所を指摘す。同被告等は顔をしかめおる。いずれを真偽とするや不明なるも、何人《なんぴと》かその被害者となる外《ほか》なく、合同事件の単純ならざるを嘆《たん》ず」

米兵の処刑を命令した司令官の自殺で責任の所在はさまよい、審理は混迷の度を深めた。

「拳銃のテストをしてはどうか」

夕刻になり、処刑される運命になった米兵のロバート・ソープ少尉は、防空壕の前から海側の墓地に近い一角に連れて行かれた。その経緯も被告の間で証言が異なっている。

弁護側が法廷に提出した大隈馨少佐の陳述書によると、能登清久大佐が海辺の墓地の近くで織田沢兵曹長に米兵を処刑させるよう命じたという。能登大佐の命令を大隈と一緒に聞いた山本恒彦大尉も「海辺に連れて行き、処分せよ」と言われたと供述している。

一方、織田沢兵曹長は、大隈から処刑を命じられた際に場所の指示がなかったため、第二七特別根拠地隊の本部に出向くと、別の上官から墓地の近くを使うように言われたと説明している。織田沢兵曹長は部下に埋葬用の穴を掘らせ、準備が完了したので大隈に報告すると、米兵をそこに連れて行くよう指示されたという。

処刑の具体的な方法も定まっていなかった。

大隈の陳述書によると、能登大佐からの処刑命令を織田沢兵曹長に伝えた後、本部に戻って拳銃の手入れをしていると、司令官の佐藤四郎少将から「捕虜が殺されるのだったら、拳銃のテストをしてはどうか」と言われた。織田沢兵曹長が刀で斬首《ざんしゅ》する予定だったため、拳銃で撃つ考えはなかったが、大隈は「撃ってきます」と応じて本部を出た。

一方、織田沢兵曹長の陳述書によれば、大隈から処刑の命令を受けたものの、具体的な手段は不明だった。宿舎に置いていた刀をとりあえず持ち、大隈の指示を仰ぐため本部に行ったが、大隈はすでに処刑場に向かっていて入れ違いとなった。織田沢兵曹長が処刑場に着くと、大隈から「拳銃で撃った後に斬首せよ」と言われ、そこで初めて斬首を命じられたという。

処刑場で米兵は後ろ手に縛られて穴の前に立ち、二十～三十人の兵士たちが見守った。大隈の説明では、織田沢兵曹長に「斬首する前に撃たせてほしい」と言い、織田沢兵曹長は「上半身に弾が当たると斬首しづらくなるので下半身を狙《ねら》って下さい」と応じた。

拳銃を試射したのは三人で、大隈によると、大隈、山本大尉、藤平直忠兵曹長の順番だった。一番目の大隈は足首を狙ったが外した。続いて山本大尉が撃ったが、米兵は微動だにしなかった。最後が藤平兵曹長で「下手《へた》ですね。こうやるのです」と言って撃ち、米兵の体が少し動いたという。

一方、二番目だったはずの山本大尉は法廷で「自分が最初に撃った」と述べている。最後の三番目だったはずの藤平兵曹長は、二番目に撃ったと主張している。検察側の取り調べ段階では大隈、藤平、山本の順だと答えたが、その後の弁護側の陳述書では山本、藤平、大隈の順に説明を変えた。そして、自らは米兵に憐《あわ》れみを感じて意図的に外したと説明し、大隈の弾は米兵の膝《ひざ》に当たったようだと述べている。
三人は横に並んで順番に撃ったが、簡単に思い出せるはずの順番すら証言が一致しない。大隈と山本大尉は本部で能登大佐の命令を一緒に聞き、拳銃の試射について事前に同意していた。一方、本部にいなかった藤平兵曹長は処刑場で試射に飛び入り参加したことになる。法廷でその経緯を検事に問われた藤平兵曹長は、興奮していたので定かでないが大隈の許可がなければできないことだとし、大隈の命令があったはずだと答えた。
検事は大隈の命令があったとの前提に立ち、命令の合法性に議論の焦点を移した。

検事「あなたは米兵を撃ちたかったのですか」
藤平「決してそうではありません」
検事「あなたは合法な命令だと考えたから、応じたのですか」
藤平「合法か非合法かは考えず、単に命令だと受け取りました」
検事「海軍では全《すべ》ての命令に従うよう言われていたわけですね」
藤平「そうです」

藤平兵曹長が「下手ですね。こうやるのです」と言って試射に加わったとの大隈の説明に対し、藤平兵曹長は、階級が上の大隈にそうした物言いはできないとして、「間違いだ」と反論している。

結局、拳銃の試し撃ちは米兵に致命傷を与えなかった。そして、織田沢兵曹長は米兵の首を水で洗い、武士道めいた儀式の口上を述べて刀を首に振り下ろした。米兵はそばに掘られた穴に転がり落ちていった。

検察側がある証人を取り調べた供述調書には、その後について、軍医がナイフで米兵の遺体の腹部を切り裂き、肝臓とみられる内臓を取り出したとある。兵士たちの間で遺体損壊疑惑のうわさは瞬《また》く間《ま》に広がったが、真偽は定かでない。戦後、その軍医は巣鴨プリズンに収監され、自殺してしまったからだ。

戦争の惨禍を象徴

五人の被告を裁いた審理は一九四八年六月二十二日の初公判から、七月六日の判決まで一気呵成《いっきかせい》だった。

検察側の証人として七人が法廷に立ち、ほとんどが第二七特別根拠地隊の元同僚だった。一方、弁護側の証人は一人もおらず、被告が自ら証人となって発言しただけだった。

公判を振り返ると、六月二十二日から二十四日までは検察側証人、二十五日から三十日までは被告たちが証言し、三十日に検察側の論告と弁護側の最終弁論が行われた。

判決公判は七月二日の予定だったが、なぜか六日に延期された。第二復員局横浜出張所の職員の日報には「その家族、親戚の人たちはいちるの希望を抱きて帰る」と記している。だが関係者の期待は打ち砕かれた。七月六日午前九時三十五分、判決公判が開廷した。プレイス裁判長は大隈馨少佐に死刑、能登清久大佐に懲役二十年、ほか三人に終身刑を言い渡した。自ら有罪を認めたナンバーツーの能登大佐が最も軽く、処刑場に立ち会った現場の被告たちの方が厳しい判決となった。

判決は午前九時四十五分、たった十分間で幕を閉じた。

大隈の実家は佐賀県だが、自宅は広島県にあった。大隈はキリスト教徒となり、判決から二カ月後の一九四八年九月、広島市の広島流川《ながれかわ》教会が減刑を求める嘆願書を出している。被爆した「原爆乙女《おとめ》」の渡米治療や原爆孤児の支援に尽くした谷本清《たにもときよし》牧師が所属した教会として有名だが、谷本牧師は米国に滞在中だった。別の牧師が「本教会が責任を持って彼の将来に精神的な指針を与えます」と、死刑執行の回避を訴えている。

大隈の妻も、米第八軍の司令官に宛てて嘆願書を出した。一九四六年一月に帰国した大隈が、広島県に駐留した豪州軍の兵士が歩いているのを見かけ、自転車に乗せて八本松《はちほんまつ》のベースキャンプまで送り届けて感謝されたエピソードを紹介している。

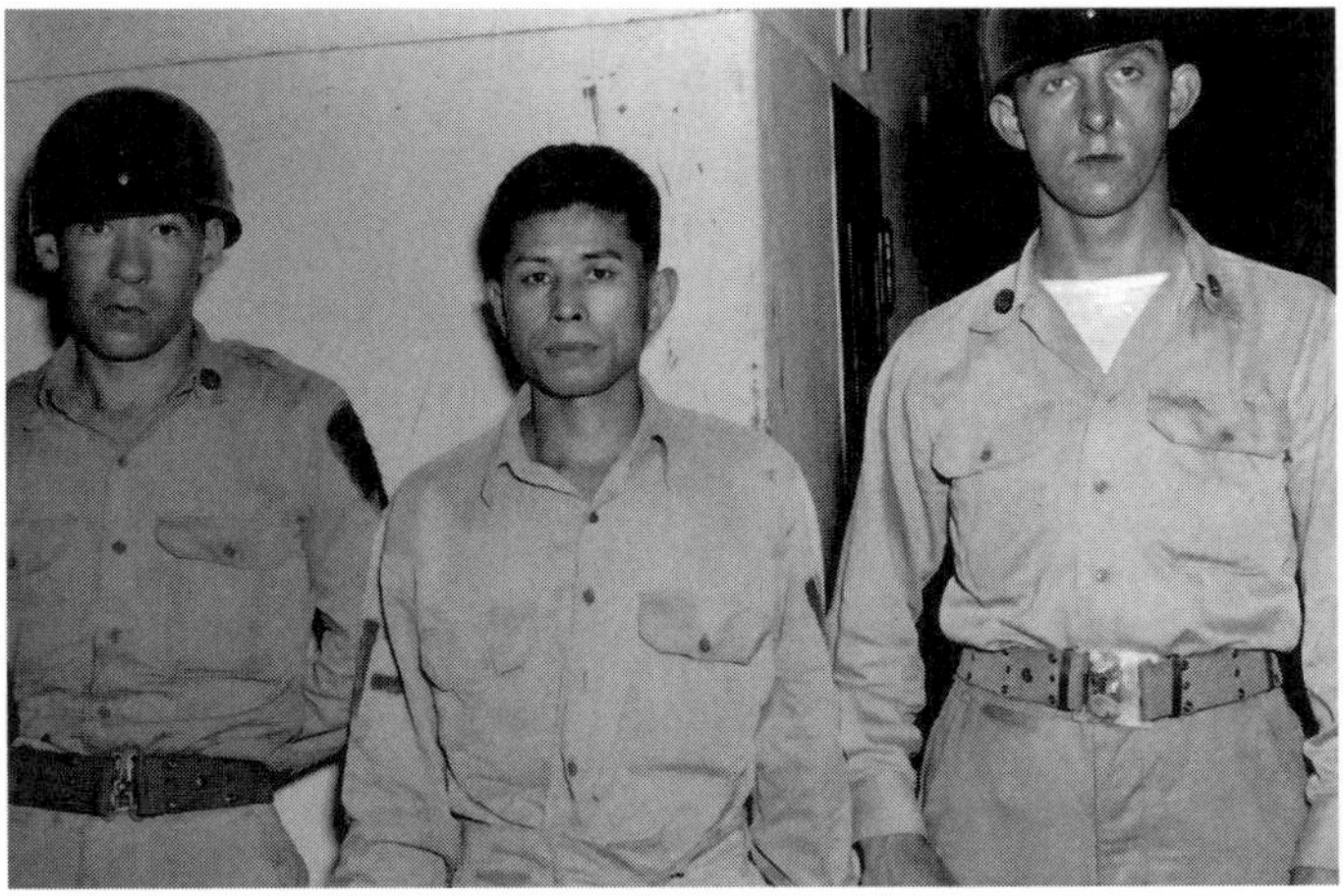

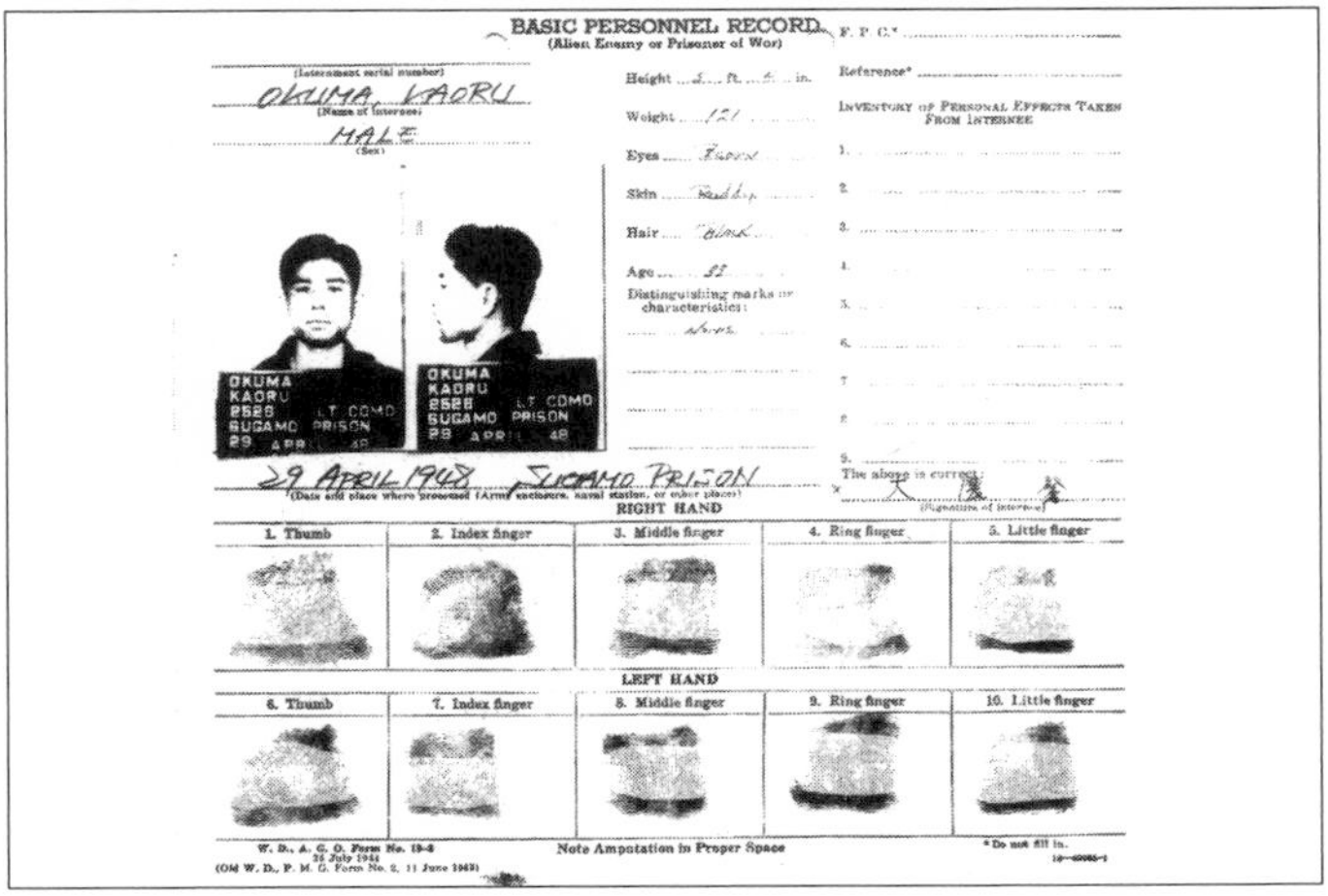

BASIC PERSONNEL RECORD
(Alien Enemy or Prisoner of War)

F. P. C.*

(Internment serial number)

OKUMA, KAORU
(Name of internee)

MALE
(Sex)

Height 5 ft. 4 in.

Weight 121

Eyes Brown

Hair Black

Age 33

Distinguishing marks or characteristics:
None

Reference*

INVENTORY OF PERSONAL EFFECTS TAKEN FROM INTERNEE

1.
2.
3.
4.
5.
6.
7.
8.
9.

The above is correct:
大隈馨
(Signature of internee)

OKUMA
KAORU
2526 LT COMD
SUGAMO PRISON
29 APRIL 48

29 APRIL 1948 SUGAMO PRISON
(Date and place where processed (Army enclosure, naval station, or other places))

RIGHT HAND

1. Thumb	2. Index finger	3. Middle finger	4. Ring finger	5. Little finger

LEFT HAND

6. Thumb	7. Index finger	8. Middle finger	9. Ring finger	10. Little finger

W. D., A. G. O. Form No. 19-3
25 July 1944
(Old W. D., P. M. G. Form No. 2, 11 June 1943)

Note Amputation in Proper Space

* Do not fill in.

巣鴨プリズンの大隈馨と、収監記録

［上］所蔵：米国国立公文書館新館／提供：日本大学生産工学部 高澤弘明准教授

［下］所蔵：国立国会図書館／原所蔵：米国国立公文書館

ほかに、出身地の佐賀県の村長や、担当した小野正広弁護士らの嘆願書も記録に残っている。

判決後の一九四九年二月十一日付の再審査で、担当の再審査官は大隈の量刑について「被告は上官から捕虜の処刑を命じられた。従う以外に道徳的な選択の余地はなかった」として、死刑から終身刑への減刑を主張した。しかし、第八軍司令官のウォーカー中将は三月一日付で死刑判決を確認し、マッカーサー元帥も五月一日付で判決を承認した。

五月二十六日の夕方、巣鴨プリズンに収監されていた大隈に、死刑の執行が通告された。その夜、大隈は「目がくらみそうでしたがやっとこらえることが出来ました」と妻への遺言に書き残している。

司令官の佐藤四郎少将が米兵の処刑を命じ、能登大佐が異議を唱えたものの退《しりぞ》けられた状況で、大隈は拒否できる立場になく、部下に命令をそのまま伝えた。ただし、米兵を尋問し、処刑現場にいたため、現場の責任者とみなされた。

大隈と海軍機関学校の同期で、のちに靖国《やすくに》神社宮司《ぐうじ》となる松平永芳《まつだいらながよし》は、「命令系統による配置上の責任を問われた」「全く配置上の問題であり、我々クラスの者誰が代りにあの配置に就《つ》いても、同じ運命に置かれたことと信じます」と慨嘆《がいたん》している。

「根拠地隊参謀として抱え切れぬ程多い戦務処理の一部を、彼《か》の時、彼の情勢下で他に方途なしとして定められた方針を、立場上其《そ》の責任者となって遂行せしめられたに過ぎないのであって」（『海軍機関学校出身戦後殉国者遺芳録』）

大隈による尋問時の殴打や、拳銃の試し撃ちは適切と言えず、有罪は免《まぬが》れなかったとしても、米兵に致命傷を与えたわけではなかった。だが、司令官の責任はナンバーツーの能登大佐に転嫁されず、中間管理職のような立場の大隈少佐が追い込まれていった。

若き米兵のロバート・ソープ少尉は殴打され、拳銃の実験台となり、首を斬り落とされた。司令官の佐藤少将は日本に帰国直後の一九四六年八月十六日、妻と二人の娘を道連れに自殺した。妻と二人の子を抱える大隈は横浜裁判で詰め腹を切らされた。

悲劇が次から次に連鎖し、戦争の惨禍《さんか》を象徴するかのような光景だ。

カイリル島のケースは、遠い昔のはるか彼方《かなた》で起きた出来事では決してない。責任を取るべき立場の人が雲隠れや自殺などでいなくなった場合、誰にしわ寄せが行き、悲劇や不幸がどう引き起こされるのか。裁判記録には、これからも繰り返されるであろう構図が映し出されていた。

第四章

昭和史の謎、戦犯の遺骨の行方

刑場の一角に石碑

東京・池袋の超高層ビル「サンシャイン60」のほぼ真下の公園に、その石碑はある。

正面に「永久平和を願って」と刻まれ、裏側にこの場所が持つ意味が記されている。

「第二次世界大戦後、東京市谷《いちがや》において極東国際軍事裁判所が課した刑及び他の連合国戦争犯罪法廷が課した一部の刑が、この地で執行された。戦争による悲劇を再びくりかえさないため、この地を前述の遺跡とし、この碑を建立する」

ＪＲ池袋駅の東口から歩いて約十分、豊島区立の東池袋中央公園だ。

かつて米軍が戦犯を収容した巣鴨《すがも》プリズンの敷地に当たり、石碑のある地点は刑場の一角だった。極東国際軍事裁判（東京裁判）でＡ級戦犯とされた東条《とうじょう》英機《ひでき》元首相ら七人や、ほかの連合国戦争犯罪法廷、すなわち米軍の横浜裁判でＢＣ級戦犯とされた五十一人などが処刑された。

執行後、各人の遺体は最終的に横浜市の久保山《くぼやま》火葬場《かそうば》に運ばれ、米軍の監督下で荼毘《だび》に付された。火葬場は今も横浜市営の久保山斎場《さいじょう》として稼働し、敷地には一九五〇年に設置された供養塔《くようとう》がひっそりと建っている。供養塔の裏面には、火葬場の場長《ばちょう》（管理人）だっ

東京・池袋のかつての巣鴨プリズン敷地に建つ石碑（写真上）と、
横浜・久保山斎場の供養塔（写真下）

た飛田美善《ひだびぜん》ら計六人の職員の氏名が彫られている。

米軍は火葬後、遺骨を遺族に返さず、回収してどこかに持ち去った。ただ、粉々になった残骨や遺灰の一部は、火葬場の職員が穴を掘り、A級戦犯もBC級戦犯も一緒に埋めたとされる。その穴があった場所に供養塔は位置している。残骨と遺灰は一九五三年十二月に掘り起こされ、誰のものかは特定できない状態だったが、BC級戦犯の遺族には同月、分けて引き渡した。A級戦犯の遺族には一九五五年、同様に返還した。

A級戦犯をめぐっては、残骨や遺灰を日本側が奪還したという「秘話」が残る。火葬場の責任者だった飛田は、元陸軍中佐《ちゅうさ》で厚生省引揚援護局法務調査室長だった井上忠男《いのうえただお》に対し、次のように語っている。

「厳重な警戒のうちに、その遺骨は米軍が持ち去り、残灰はアメリカ軍人からせき立てられて、私共職員の手で、その場で残灰を捨てる穴に埋めた。しかし、その翌日、小磯国昭《こいそくにあき》被告の担当弁護人三文字正平《さんもんじしょうへい》がこれを取り出した。これはのちに伊豆山《いずさん》に埋葬したということである」（殉国六十烈士編纂委員会『嗚呼殉国六十烈士』）

東京裁判で元首相の小磯国昭を弁護した三文字が、火葬場の向かいにある興禅寺《こうぜんじ》の住職だった市川伊雄《いちかわいゆう》と飛田を説得し、深夜に穴から回収して興禅寺に隠したという。

私が興禅寺を訪れると、市川の顕彰碑《けんしょうひ》が置かれていた。

BC級戦犯の遺骨発掘式。横浜・久保山火葬場の供養塔で、1953年12月

「東條《とうじょう》元首相外《ほか》六氏は久保山火葬場に於《おい》て火葬　其《そ》の遺骨の総《すべ》てが遺族に還《かえ》らざるを知り愕然《がくぜん》　出家の身として黙し難《がた》く身の危険をも顧みず其の遺骨を搬出　密《ひそ》かに当寺に安置回向《えこう》……」

三文字らが回収したという残骨や遺灰は、静岡県熱海市の伊豆山にある興亜観音《こうあかんのん》に埋葬された。Ａ級戦犯として処刑された元上海《シャンハイ》派遣軍司令官で陸軍大将《たいしょう》の松井石根《まついいわね》が退役後、日中両国の戦死者を供養するために建立した場所だ。その後、愛知県幡豆町《はずちょう》（現・西《にし》尾《お》市）三ヶ根山《さんがねさん》の殉国七士廟《じゅんこくしちしびょう》にも分骨されている。

では、米軍は久保山火葬場から持ち去った遺骨をどのように葬《ほうむ》ったのだろうか。私は遺骨の行方《ゆくえ》がベールに包まれていることに疑問を抱いた。

Ａ級戦犯の処刑に立ち会ったＧＨＱのウィリアム・シーボルト外交局長は著書『日本占領外交の回想』（朝日新聞社）で次のように記している。

「指導者たちの墓が将来、神聖視されることのないように、遺灰はまき散らすことになっていた」

しかし、具体的にどこにまいたかは言及がない。私はさまざまな文献を渉猟《しょうりょう》したが、Ａ級戦犯の遺骨の行方はいまだに不明ということだけが分かった。

また、横浜裁判で死刑になったＢＣ級戦犯五十一人の遺骨を米軍がどう処理したかは、私が調べた限り、どの文献にも記述が見当たらなかった。そこで私は、五十一人の記録を執行された順にたどることにした。

火葬されず土葬で

最初の死刑執行は、福岡県大牟田市《おおむたし》で福岡俘虜《ふりょ》収容所第十七分所長を務めた由利敬《ゆりけい》だった。長崎・五島《ごとう》列島出身の元陸軍中尉《ちゅうい》で、一九四三年八月から約一年間、その任にあった。

横浜裁判では、捕虜《ほりょ》の米兵が営倉《えいそう》に放置されて死亡した監督責任や、脱走を図ったとして捕虜を部下に刺殺させた罪に問われた。審理は一九四五年十二月二十七日に始まり、約十日後の一九四六年一月七日に死刑判決が言い渡され、四月二十六日に執行されている。そのとき由利は、二十六歳だった。

執行の当日、由利は巣鴨プリズンの独房から刑場に移され、教誨師《きょうかいし》の花山信勝《はなやましんしょう》が途中の仏間まで付き添った。処刑後、遺体と対面した花山は著書『平和の発見』（方丈堂出版）で次のように記している。

「約二十五分すると、長さ六尺《しゃく》、高さ一尺五寸《すん》ぐらいの棺《ひつぎ》が、四人の米兵によって、霊《れい》柩《きゅう》室へ運ばれてきた。蓋《ふた》をとると、頭から足さきまで、真白な美しい木綿《もめん》で包まれていた」

花山は米軍のその後の対応を気にしていた。

「それから五、六日過ぎた五月二日、由利君の遺骨がどう処理されたか心配だったので、スコット中尉に尋ねた。中尉にもわからなかったので、由利君の母にかわって、中尉の指《さし》図《ず》通りに、第八軍司令官アイケルバーガー中将《ちゅうじょう》に手紙をかいた。五月二十三日、中将からの返信《へんじ》があった。（中略）その文面には『遺憾ながら、遺骨は軍規で渡せない』『また、どこに埋葬したかも知らせられない』とあった」

このやりとりから、遺体はどこかに埋葬されたことが分かる。関連の一次史料を探すと、外務省の外局に置かれた終戦連絡中央事務局が内部で交わした電信が、国立公文書館と外務省外交史料館に残っていた。一九四六年五月一日に福岡発で戦争犯罪人室の太田参事官に宛《あ》てた電信は「遺骨引取照会方の件」とあり、由利の「母より照会依頼ありたるに付ては至急御回示請う」と要請した。終戦連絡事務局は五月八日に福岡の照会元に宛てて「遺骨に関しては連合軍に於て土葬とせる為《ため》難色あり依然交渉中なり」と回答している。

上坂冬子《かみさかふゆこ》の著書『巣鴨プリズン13号鉄扉《てっぴ》』（新潮社）によると、一九四六年三月十三日付のGHQ文書では、処刑した戦犯の遺体処理に関し「自己所有の軍服から肩章と略章の一切を剝《は》ぎ取って埋葬せよ。墓には白塗りの木札を立て、ただ墓標番号だけを記せ」と定めていた。

この文書は、由利の死刑が執行される約一カ月前に発せられた。由利は処刑後、すぐに火葬されず、どこかに埋葬された。

相次ぐBC級戦犯の死刑執行

死刑執行の二番目は、福岡県大牟田市の収容所で、由利敬の後任の分所長だった元陸軍大尉《たいい》の福原勲《ふくはらいさお》だ。部下による捕虜虐待や営倉での捕虜死亡の責任を問われた。二十九歳だった福原は遺書で、自らの亡きがらに触れている。

「勲の体も骨も家の方へは送られないそうですから、左様《さよう》御承知下さい。亡《ほろ》びた肉体や骨が何になりますか。勲の体は海に捨てゝ、貰《もら》いたい位です」

遺体や遺骨を返さない米軍の方針は、教誨師の花山信勝が米第八軍のアイケルバーガー中将に確認していた。福原は花山との面会時、その方針を知らされたのではないか。

福原は一九四六年八月九日に処刑された。米軍の巣鴨プリズン文書には「午前十時四十五分、遺体は米第八軍の第一〇八墓地登録小隊のチャールズ・ラス中尉に引き渡された」と記されている（福原の裁判については第五章でも触れる）。

執行の三番目は、北海道・室蘭《むろらん》の俘虜収容所長だった元陸軍大尉の平手嘉一《ひらてかいち》だ。野付牛《のつけうし》村《むら》（現・北見市《きたみし》）の野付牛中学校（現・北見北斗《ほくと》高校）で野球部のエースとして活躍し、大阪外国語学校（現・大阪大学）に進学した。若くして収容所長となったが、捕虜虐待を許した責任などを問われる。二十八歳の平手は父親に宛《あ》てた遺書に、次のようにつづった。

「たとえ身体は何所《いずこ》に果てましょうと、五尺《しゃく》の生命死して死せざるものあると信じて疑いません」

この記述も、遺体や遺骨が戻ってこない前提に立っている。

平手は一九四六年八月二十三日に処刑され、巣鴨プリズン文書には「午前十時、遺体は米第八軍の第一〇八墓地登録小隊のジョセフ・マクガイア少尉《しょうい》に引き渡された」とある。

執行の四番目は神戸市出身の元神職《しんしょく》で、三十二歳の元陸軍大尉の満淵正明《みつぶちまさあき》だ。一九四五年五月二十五日の東京空襲で、満淵が率いる中隊が駐屯する千葉県日吉村《ひよしむら》（現・長柄町《ながらまち》）にB29が墜落した。重傷で瀕死《ひんし》の搭乗員を武士の情けで部下に斬首《ざんしゅ》させた罪に問われた。

満淵が一九四六年九月六日に処刑された際の巣鴨プリズン文書には「午前十時四十五分、第一〇八墓地登録小隊のアーウィン・ベイリー少尉に引き渡された」と記されている。

翌一九四七年の執行は一人だけだった。長崎県柚木村《ゆのきそん》で福岡俘虜収容所第十八分所の所長を務めた池上宇一《いけがみういち》は、二十六歳の元陸軍中尉だった。第一章で触れたが、捕虜の管理は海軍から陸軍に移り、ダム工事で働かされた米国人捕虜が死亡した責任を問われた（池上の法廷については第五章でも触れる）。

池上は二月二十四日に処刑され、巣鴨プリズン文書によると、米第八軍の戦没者部門のマッギン少佐《しょうさ》が遺体を受け取った。

一九四八年は一転して死刑執行が増えている。

七月三日に処刑された八人のうち三人は、福岡県水巻町《みずまきまち》にあった福岡俘虜収容所第六分所（折尾《おりお》）の関係者だ。炭鉱で働かされていたオーストラリア人の捕虜アーウィンが脱走し、捕獲後に殺害された事件で、所長で四十五歳の元大尉の末松一幹《すえまつかずもと》、部下で二十九歳の元軍曹の穂積正克《ほづみまさかつ》、福岡俘虜収容所本所長で五十六歳の元大佐の菅沢亥重《すがさわいじゅう》が処刑された。

ほか五人は、福岡県大牟田《おおむた》市の俘虜収容所十七分所で軍属だった三十三歳の武田定《たけださだむ》と四十歳の牟田松吉《むたまつきち》、東京憲兵隊で憲兵中尉だった四十一歳の本川貞《もとかわさだむ》、大阪・多奈川《たながわ》分所で軍属だった三十三歳の高木芳市《たかぎよしいち》、福岡第一分所で軍属だった三十一歳の本田始《ほんだはじめ》だ。

これら計八人の遺体は、米第八軍の戦没者部門のマッギン少佐が受け取っていた。

米軍の巣鴨プリズン文書を通じ、横浜市に司令部を置く米第八軍の第一〇八墓地登録小隊や戦没者部門に属する軍人がＢＣ級戦犯の遺体を受け取っていたことが明らかになった。

墓地登録部隊の役割

ＢＣ級戦犯の遺体を受け取った軍人が所属した第一〇八墓地登録小隊とは、日本のどこに駐留し、いかなる任務に当たっていたのだろうか。

横浜市が発行した『占領軍のいた街』によると、米軍は一九四五年九月五日に「本牧《ほんもく》緑《みどり》ケ《が》丘《おか》、矢口台《やぐちだい》」を接収し、墓地とした。横浜市中区のＪＲ山手《やまて》駅から徒歩で約十分の高台に位置し、現在は外国人専用スポーツクラブ「横浜カントリー・アンド・アスレティック・クラブ（ＹＣ＆ＡＣ）」がある場所だ。米軍の電話帳によると、「米軍横浜第一墓地（USAF Cemetery Yokohama #1）」と名付けられていた。

横浜市史資料室で米軍の準機関紙「スターズ・アンド・ストライプス（星条旗新聞）」をめくると、一九四六年二月十日付に墓地の描写と説明があった。

「横浜の街並みや海を見渡せる岸壁の上にある吹きさらしの台地が、五百人以上の米国の安息の地だ。第八軍が十分なる敬意をもって埋葬した彼らは米軍墓地に眠る。ここは第二次世界大戦で戦死した米兵を弔《とむら》う日本唯一の墓地だ。横浜に埋葬された彼らの大半は、日本を空襲した際に死亡した搭乗員だった」

また、米軍は一九四五年十二月十五日に「本牧緑ケ丘（横浜第三中学）」を接収し、「墳《ふん》墓《ぼ》登録部隊」が駐留した（『占領軍のいた街』）。横浜第三中学は、現在の神奈川県立横浜緑ケ丘高校の前身に当たる。米軍横浜第一墓地とは徒歩で約五分の近さだった。

この星条旗新聞の記事には、「倒れた米兵は横浜の墓地に眠る」の見出しで、第三〇六一墓地登録中隊が米軍横浜第一墓地を造成して管理し、隊長はW・H・ファセット中尉とある。当初はこの中隊が埋葬や墓地の運営に当たっていた。

その後、米第八軍に属する第一〇八墓地登録小隊が一九四六年五月に発足。太平洋戦争中に日本で戦死した米兵の遺体回収、身元特定、埋葬、記録作成などの「墓地登録」と呼ばれる業務を担った（『Final Disposition of World War II Dead 1945-51』）。米軍地図によると、同小隊の所在地は横浜緑ケ丘高校に該当する。米軍電話帳の横浜版でも「第一〇八墓地登録小隊　本部　横浜　2－0078」「支部　大阪」と記載があった。電話帳の一九四八年九月版では担当部門が第一墓地、遺体安置、葬儀、修復と並んでおり、第一〇八墓地登録小隊が米軍横浜第一墓地を管轄していたことが分かる。

なお、米軍地図によっては「第二〇八墓地登録小隊」の表記も混在するが、各年の米軍電話帳をチェックすると「第一〇八」で統一され、「第二〇八」は出てこない。専門家への取材も加味し、「第二〇八」は一部地図の誤記と判明した。

神奈川県立図書館の郷土資料コーナーで『横浜三中・三高・緑高六十年史』を手に取ると、第一〇八墓地登録小隊について説明があった。

「特殊部隊が接収地に駐留していて校門には彼らの部隊を記した大アーチが掲げられ、（中略）南側校舎のすぐ向こう側にはカマボコ兵舎が建ち並び、クローバーが一面に茂っていた。鉄条網が張りめぐらされ、（中略）この部隊の任務は米軍兵士の死者の葬祭を担当し墓地を管理することであって、現在の生徒会館の位置にはコンクリート造りの冷凍式冷暗所が建てられていた」

米軍の空襲は日本の各地に及んだため、日本軍に撃墜された米軍機の墜落場所を特定し、搭乗員の遺体を回収する作業は時間を要した。そこで米軍は各都道府県に墜落場所や墓などの調査を指示し、第八軍の戦没者部門と第一〇八墓地登録小隊に報告を要求した。

捜索は一人の将校と三人の下士官兵で一つのチームをつくり、最盛期には日本中でおよそ百チームが稼働したという。第一〇八墓地登録小隊には十人で構成されるリカバリー・チームがあり、米兵の遺体の修復などに当たった。

国会図書館で『終戦直後・占領下の映像記録』（エムティ出版）の第六十六巻を視聴すると、第一〇八墓地登録小隊の作業風景が映っていた。一九四八年四月に福岡県で撮影された映像では、米兵が遺骨発掘のため日本人を使い、鍬《くわ》で土を掘り起こし、ふるいに掛けさせていた。日本人の子どもが手伝う姿もあり、発掘した遺骨や、一緒に見つかった個人識別用の小判型の認識票も見える。ごみ捨て場に米軍機の残骸があり、米兵が翼の機体番号を確認して搭乗員名簿と照合。門司《もじ》（現・北九州市）の山中で軍手姿の日本人女性のペアが土砂をふるいに掛ける様子や、掘り出した骨をファスナー付きの寝袋のような布に包んで

太平洋戦争後の占領期、戦死した米兵を仮埋葬した「米軍横浜第一墓地」。
1946 年

所蔵：横浜市史資料室／原所蔵：米国国立公文書館

運ぶ姿も捉えられていた。一見して農作業のような地道な作業をしていた。

このように、第一〇八墓地登録小隊は戦死者の遺体を扱う任務に従事していた関係で、本来業務の派生としてBC級戦犯の遺体処理にも関わっていたとみられる。

BC級戦犯の一時的な埋葬地をめぐっては、元陸軍中佐で厚生省引揚援護局法務調査室長を務めた井上忠男が調査している（『嗚呼殉国六十烈士』）。

井上が久保山火葬場の責任者の飛田美善に問い合わせると、BC級戦犯の埋葬地は横浜市保土ケ谷《ほどがや》区の英連邦戦死者墓地だったとの回答が寄せられた。しかし、井上が同墓地に詳しい森井亀太郎に確認すると、日本人が埋葬された事実はないと否定される。井上は山手の外国人墓地の管理人や横浜緑ケ丘高校の関係者に聞き取りを重ねたが、決定的な証言や証拠を得られず、埋葬地を横浜緑ケ丘高校の校庭と推定して調査を終えている。

部外者の立ち入りを排除できる埋葬地と言えば、第一〇八墓地登録小隊の敷地か、目と鼻の先の米軍横浜第一墓地ではないかと考えられるが、現時点で特定されていない。

同墓地の接収は一九五一年から五二年ごろに解除された。仮埋葬されていた米兵の遺体は、本国へと送還されていった。

占領期に横浜に存在した米軍墓地は五年あまりで消えた。

米軍の処刑記録

ＢＣ級戦犯とされた死刑囚は、どのように最期《さいご》を遂げたのだろうか。

国会図書館憲政資料室で米軍の巣鴨プリズン文書を渉猟していると、死刑執行の三日前から当日に至るまでのマニュアルが残されていた。一九四七年一月三十一日付で、件名は「巣鴨プリズンの処刑」とある。この時点ですでに四人が処刑されているから、それまでのマニュアルの改訂とみられる。概要は次の通りだ。

第一に、米第八軍司令官が巣鴨プリズンの所長に、特定の日に執行するよう指令を出す。

第二に、「一般的に、陸軍省の冊子27－4に従う。戦争犯罪人の死刑は全《すべ》て秘密裡《り》に執行し、報道機関にいかなる細部も知られないよう特別の予防策を講じる」と指示。冊子とは米陸軍省が作成した処刑の手続きのことで、「一般的に従う」と留保を付けている。

第三に、処刑の立会人として司令官、証人、通訳、軍医、教誨師、執行人、当番兵、護衛兵、死刑囚を挙げている。

第四に、執行の三日前からのスケジュールを分刻みで示している。

処刑の三日前を「Ｘ－３」と表記。十九時から二十一時、執行人が刑場でロープなどの備品を確認し、機器の作動をテストする。

二日前は「X－2」で、十九時から二十一時、執行人が刑場で前日同様に確認作業に当たる。十九時半から二十時半、所長、副官、通訳が死刑囚に執行命令書を読み上げる。

前日は「X－1」で、十三時、牧師に執行の予定を知らせ、仏教の教誨師に準備に入らせる。十九時から二十一時、執行人が刑場で確認作業を繰り返す。

当日は「Xデー」だ。三時半、当番将校が所長、証人、軍医、牧師、執行人を起こし、所長室への集合時間を三時四十五分と伝える。三時四十五分、当番将校が下士官兵と教誨師を起こし、着替えて待機するよう連絡する。四時、所長、証人、軍医、通訳、執行人が刑場で最終確認とリハーサル。四時十分、死刑囚を起こし、教誨師との面会を許す。四時四十五分、死刑囚を護衛兵が囲みながら刑場へと向かう。

四時四十八分、刑場に到着。四時五十六分、所長が死刑囚を絞首台《こうしゅだい》に移す。当番将校は牧師と教誨師を刑場の外の敷地へ案内し、呼び出すまで待機させる。死刑囚は縛られ、頭に布をかぶせられ、所定の位置に立つ。所長と通訳は証人として加わる。縄を調整する。

五時、執行。証人と軍医が時間を確認する。軍医が心臓の鼓動を確認、死亡時間を記録し、証人に死亡を告げる。五時十五分、当番将校が三人の下士官兵を伴い、安置所から棺《ひつぎ》を用意。遺体を棺に入れて安置所へ移す。牧師や教誨師を含む関係者を集め、秘密保持を求める。五時二十分、当番将校、牧師、教誨師、護衛兵が安置所へ行き、儀式を執り行う。五時半、当番将校が安置所に鍵《かぎ》をかける。所長室で軍医が死亡宣告書を作成、署名する。

六時半、朝食。八時から八時半、第八軍の補給部に巣鴨プリズンで戦犯関連の業務があると知らせる。八時半から十一時、報告書の草稿が作られ、墓地登録部門の将校の到着を待つ。十一時、墓地登録部門の将校が到着し、当番将校の案内で安置所へ。遺体の身元を確認して書類を作成。遺体の受領書を交わし、墓地登録部門の将校は遺体の引き取りを許される。十三時から十四時、正式な報告書を準備して署名し、第八軍の司令官に提出する。墓地登録部門の将校に、死亡証明書と身元確認書の複写を各六通作成するよう求める。

このように、執行のリハーサルを重ね、「四時四十八分」と細かく時間を指定するなど、軍隊ならではの緻密なマニュアルが定められていた。ただマニュアルは巣鴨プリズン内の対応のため、墓地登録部門の将校に遺体を引き渡す時点で記述は終わり、その後の遺体の扱いには言及がない。

次に、このマニュアルに基づいた処刑報告書が残されており、ある一人の事例を取り上げたい。ただし、死の場面で個人の特定は本意でないため、一部を伏せて引用する。

記録の件名は「軍事委員会が下した刑の執行」で、執行日や手順などを記したものだ。

「1、刑は執行された。下記の通り報告する。

a、●月●日十九時半、軍事委員会の指令を死刑囚に読み上げ、通訳が説明した。レオナルド・エルスワース中佐、オースティン・スワンソン少佐、ユージン・ダブニー大尉、リー・ヴィンセント中尉がその場に立ち会った。

b、●月●日四時四十九分、死刑囚はフランシス・マコーミック大尉、ジョン・ライアン神父、花山教誨師に付き添われ、刑場の一角に到着した。

c、●月●日五時一分、死刑囚が絞首台に入った。

d、●月●日五時一分、絞首台が作動した。

e、●月●日十時、遺体は第八軍の●に引き渡された」


続いて、立会人を列挙している。

「2、執行時に立ち会ったのは、下記の必要最低限の者に限られた。
フランシス・クラリー大佐　巣鴨プリズン所長
レオナルド・エルスワース中佐　巣鴨プリズン幹部
フレデリック・ゴーニッツ中佐　第八軍　証人

レイモンド・カー中佐　第八軍　証人
ジェファーソン・ペティ中佐　第八軍　証人
オースティン・スワンソン少佐　巣鴨プリズン　証人
アーサー・ラウンスベリー少佐　巣鴨プリズン　補助執行人
●第八軍墓地登録担当　証人
フランシス・マコーミック大尉　巣鴨プリズン　護衛指揮官
ユージン・ダブニー大尉　巣鴨プリズン　証人
ウィリアム・リーヴィ大尉　巣鴨プリズン　医療担当　証人
ローレンス・クラクストン大尉　巣鴨プリズン　護衛副指揮官
チャールズ・レクスフォード中尉　巣鴨プリズン　執行人
アルバート・スタンカード中尉　巣鴨プリズン　医療担当　証人
リー・ヴィンセント中尉　巣鴨プリズン　証人
ジョージ・サム准尉　巣鴨プリズン　補助執行人
ジェームス・スタリー二等軍曹　巣鴨プリズン　補助執行人
セオドア・カンウェイラー二等軍曹　巣鴨プリズン　補助執行人」

米軍は一人の死刑を確実に執行するため、これほどまでに手厚い態勢で臨んでいた。時間の記述を見ると、実際にマニュアル通りに進めたことが分かる。

若き戦犯たちは絞首台にぽつんと立たされ、首にロープをかけられた。彼らの行為は命をもって償わなければならなかったのか。横浜裁判の審理は今からでも個別具体的に吟味されてしかるべきだろう。

A級戦犯の遺骨は返還せず

米軍の横浜裁判では一九四六年に四人、一九四七年に一人、一九四八年七月に八人が処刑された。さらに一九四八年の八月二十一日には第一章で取り上げた潁川幸生《えがわさちお》ら十八人、十一月六日には二人が処刑されている。

一方、連合国の東京裁判は一九四六年五月の開廷から約二年間の審理を経て一九四八年四月に結審し、十一月十二日に判決を迎えた。A級戦犯として東条英機元首相、広田弘毅《ひろたこうき》元首相、板垣征四郎《いたがきせいしろう》元陸相、陸軍の土肥原賢二《どひはらけんじ》、松井石根、木村兵太郎《きむらへいたろう》各大将、武藤章《むとうあきら》中将の計七人に死刑判決を言い渡し、幕を閉じている。

その後、マッカーサー元帥《げんすい》から死刑執行を命じられた第八軍司令官のウォーカー中将は十一月二十五日付の読売新聞で、遺体処理の方針を語っている。

「絞首刑を受けた戦犯の遺骸《いがい》は火葬にされ遺骨は家族には引渡されずに処分される」

同日の読売新聞は、AP通信のラッセル・ブラインズ記者の解説記事を載せた。

「遺骨を家族に渡さないのは明《あきら》かにこれら戦犯の遺骨が遺族や一般日本人によって神に祭られないようにということを目的としている」

続いて十一月二十七付日の読売新聞は、米国の通信社INSの東京駐在員の記事「遺骸は横浜で火葬」を掲載している。

「東条ら七戦犯の遺骸は刑の執行後トラックで横浜南方の火葬場に運ばれ、厳重な警戒裡に火葬に付される筈《はず》で、いままでに死刑をうけた戦犯の遺骸もすべてここで焼却されている」

A級戦犯の遺体はBC級戦犯と同じく横浜で火葬され、遺族に返さないとの方針が、報道で事前に広く知られていたことが分かる。

十二月二十三日午前零時一分、巣鴨プリズンでA級戦犯七人の死刑執行が始まった。

横浜で途絶えた足取り

報道各社は歴史的な瞬間をキャッチしようと、巣鴨プリズンの前に記者を送り込んだ。

共同通信社社会部の小沢武二《おざわたけじ》の回想録（「巣鴨の報道合戦〔第二話〕」『秘録大東亜戦史　第6』

富士書苑）によると、社会部は国会担当や検察担当も招集して部会を開き、巣鴨プリズンの付近に記者三人の配置を決めた。さらに三人のカメラマンも投入し、張り込み取材が始まった。

初日と二日目は何も起こらず空振りに終わる。そこで作戦を練り、巣鴨プリズンの日本人警備員を抱き込んだ。異変を知らせるサインを打ち合わせ、警備員は「所内で異変があったらあの辺で頭へ手をやりますからそうしたら警戒して下さい」と応じた。

張り込み三日目の十二月二十二日。午後七時ごろ、大型トラック二台がジープの護衛付きで巣鴨プリズンに入った。午後九時には高級車一台、午後十一時には高級車二台が続いた。

「今晩はくさい」「いよいよおかしい」

現場の記者たちの緊張は高まっていく。

二十三日午前零時、例の警備員が鉄条網のそばで帽子を脱ぎ、サイン通りに頭をかいた。合図に気付いたカメラマンの一人が裏門へダッシュする。警戒していた米軍の憲兵が近寄るなと排除してきたが、カメラマンは米ＡＰ通信社の嘱託も兼ねていたため「俺は日本人記者ではない、ＡＰのカメラマンだ」と食い下がった。

別の記者二人も、車両が出てくる瞬間を現認しようと、巣鴨プリズンの鉄条網に駆け寄った。米軍の憲兵は二人にピストルを突き付けたが、二人は鉄条網にしがみついて離れなかった。ついに憲兵は折れて立ち去ったという。

そして、ジープ一台に護衛され、シートをかぶせた大型トラックが巣鴨プリズンから出てきた。

「Iカメラマンはトラックに追いすがるようにして夢中でシャッターを切った」

その瞬間をとらえた写真が配信され、神奈川新聞の十二月二十四日付などに掲載されている。

米軍の車列は横浜市へ向かった。久保山火葬場には各社の記者が待ち構えていた。

朝日新聞は次のように報じている。

「二十三日午前三時、京浜《けいひん》国道を矢のように走る二台の大型ホロ・トラックが二台のジープに守られて横浜市に入った。一台のトラックには七ツの棺が納められているのであろう。間もなく警備兵のトラックとジープ一台は京浜国道を逆走、棺のトラックは夜明けを待って七時四十分、横浜市西区久保町《くぼちょう》の久保山火葬場に到着。午前八時高くそびえる火葬場の煙突から今にも雨の降りそうな灰色の空へうす黒い煙も立昇りはじめた。十時十分、火葬が終ったのか、一台のジープが火葬場を出ていずれかへ走り去った」

読売新聞の報道もほぼ同じだ。

「廿三日《にじゅうさん》午前七時四十五分、前後をジープに護《まも》られた大型トラックで横浜市営久保山火葬場に到着した東条ら七戦犯の遺骸は米軍の厳重監視のうちに八時十分点火され九時半火葬を終了した。遺骨はただちに黒塗りの七つの箱に入れられ同十時十分ごろホロをかけたトラックに移されジープに護衛されて横浜市中区矢口台の米軍墓地に向った」

神奈川新聞は共同通信社の配信記事を掲載したとみられる。

「死体は廿三日午前七時四十五分横浜市営火葬場に運ばれ、八時十分火葬を開始し、九時三十分に終了した。（UP＝共同）市営火葬場管理人飛田美善氏の話によれば『トラックで運ばれた七つの戦犯の遺体は廿三日午前八時ごろから二時間にわたり火葬された後、骨は黒塗りの七つの箱に入れられた』と伝えられる。同十時十分ごろ幌《ほろ》をかけたトラックと護衛のジープも火葬場を出た」

いずれの記事も、横浜市の火葬場に午前七時四十分台に到着し、火葬が午前八時ごろに始まり、午前十時十分ごろに車両が出て行ったとおおむね一致している。

読売新聞だけが火葬場を出た車両について「横浜市中区矢口台の米軍墓地に向った」と記しているが、墓地への到着に言及がなく、車両の方向などから推測しただけのようだ。

なお、「星条旗新聞」の十二月二十三日付で、AP通信社のフランク・ホワイト特派員が七人の処刑を報じたが、GHQ当局の発表や取材にとどまっている。

「米軍の墓地登録部門の担当者が、よく照明の当たった絞首台から遺体を引き下ろした。遺体は火葬される予定で、処刑されたすべての日本人戦犯と同様、散骨される」

報道各社は火葬場を出た米軍の車両を追跡できなかった。

こうして東条元首相ら七人の遺骨の行方は、火葬場を最後に途絶えた。

七十年越しの極秘文書

それから七十年もの月日が流れた。

憲法学や横浜裁判を研究する高澤弘明《たかざわひろあき》氏（日本大学生産工学部専任講師、のちに准教授）は二〇一八年、米国国立公文書館新館で米第八軍の資料を収集した。その中にA級戦犯の遺体処理の全貌《ぜんぼう》を記した公文書が含まれていた。

私は、高澤氏が横浜裁判の研究者であることをインターネットで知り、大学の研究室を訪ねて取材し、二〇二〇年十二月五日に「軍事裁判の写真1660枚　米公文書館で研究者入手」との記事を配信していた。うち横浜裁判の写真は七百枚、東京裁判は五百九十五枚あり、高澤氏は約二年かけて撮影日や氏名を特定し、一覧のリストを作成していた。膨大な照合作業を地道に続ける研究姿勢に頭の下がる思いがした。

私は取材の過程でBC級戦犯の遺骨の行方について質問し、その後も資料を紹介してもらうなどメールでやりとりを続けていた。

のちに高澤氏に取材した中日新聞によると、次のような経緯があったという。

「もともとはA級戦犯ではなく、BC級戦犯を裁いた横浜法廷の関連史料を求め、米国立公文書館（NARA）に赴《おもむ》いた。（中略）帰国後に、分析を始めた。ただ、A級戦犯は研究テーマではなかったこともあり『史料の重要性に気づかなかった』。（中略）『新発見』に気づいたのはその後、共同通信のある記者から『BC級戦犯の遺骨はどうなったか』という取材を受けたのがきっかけだった。史料を見返していた20年11月ごろ、今回の公文書が目に留まった。調べてみると、これまで知られていない文書と分かった」（「『新発見』続く戦争資料」中日新聞、二〇二一年十一月八日）

私は高澤氏から新資料の可能性があると連絡を受け、預かった公文書のコピーを東京裁判研究の第一人者に見せて評価を仰ぎ、きわめて価値が高いとのコメントを得た。公文書に登場する人物や関係地についても、ほかの米軍資料や米軍地図などから裏付けを取った。さらにA級戦犯の遺族を探し出して取材を重ねた。

そして、「A級戦犯、太平洋に散骨　米軍将校『私がまいた』」の見出しで二〇二一年六月六日、米軍の公文書発見を報じた。

「第2次大戦後、極東国際軍事裁判（東京裁判）で死刑判決を受けた東条英機元首相らA級戦犯7人の遺骨について、米軍将校が『太平洋の上空から私がまいた』と記した公文書が、6日までに見つかった。米軍による具体的なA級戦犯の遺骨処理の方法が公文書で判明するのは初。遺骨は遺族に返還されず、太平洋や東京湾にまかれたとの臆測はあったが、行方は昭和史の謎とされていた。

文書は、占領期に横浜市に司令部を置いた米第8軍が作成。日本大生産工学部の高澤弘明専任講師（法学）が米国立公文書館で入手した。遺骨処理の詳細が記載されていたのは、7人が処刑された1948年12月23日付と、49年1月4日付の2種類の極秘文書（機密解除済み）。現場責任者のルーサー・フライアーソン少佐が『戦争犯罪人の処刑と遺体の最終処分に関する詳細報告』として、経緯を記していた。

文書によると、少佐は48年12月23日午前0時すぎ、巣鴨プリズン（東京）で7人の死刑執行に立ち会った。遺体を乗せたトラックは午前2時10分、巣鴨プリズンを出発し、1時間半後に横浜市内の米軍第108墓地登録小隊（現・横浜緑ケ丘高）に到着。午前7時25分に小隊を出て、30分後に同市の火葬場（現・久保山斎場）に到着した。遺体は午前8時5分までにトラックから直接、炉に入れられた。

火葬後、別々の骨つぼに納められた7人の遺骨は、第8軍の滑走路に運ばれ、『横浜の東の太平洋上空を約30マイル（48キロ）地点まで連絡機で進み、私が遺骨を広範囲にまいた』と記している。

横浜市によると、滑走路があったのは、火葬場から約2キロの同市中区若葉町。文書から散骨は処刑当日に行われたことが読み取れるが、『約30マイル地点』が太平洋のどこを指すかや、時間の記載はなかった。

東条元首相のひ孫東條英利《とうじょうひでとし》さん（48）は取材に『どこかに廃棄されるより、自然に返されたのはましだ』と冷静に語った。

処刑に立ち会った連合国軍総司令部（GHQ）のシーボルト外交局長は著書で『指導者たちの墓が将来、神聖視されることのないように、遺灰はまき散らすことになっていた』と記述。遺骨は太平洋や東京湾にまかれたとの伝聞や臆測はあったが、裏付ける公文書は見つかっていなかった」

併せて、一連の公文書に含まれていた米軍の手順書についても配信した。

「『遺体は火葬し、遺骨は秘密裏に海へ処分しなければならない』。今回見つかった公文書によると、米軍は事前に定めた方針や手順書に基づき、東条英機元首相ら7人の遺体を葬

横浜・久保山火葬場。
A 級戦犯が処刑された
1948 年 12 月に撮影

横浜・若葉町の米軍飛
行場。奥に京浜急行線
の高架が見える
所蔵：横浜市史資料室

った。日本側に遺体を返さないと決め、火葬後に佐官級の将校が軍用機か船で海に散骨するよう指示。経緯は非公表とした。

東京裁判が１９４８年４月に結審すると、米軍は同８月13日付で戦犯の遺体の扱いに関する方針を策定。同11月12日に死刑判決が言い渡され、同12月１日付で具体的な手順書を定めた。

遺体処理は、米軍内で物資補給や戦没者の埋葬を専門とする補給部が担い、佐官級の将校が現場責任者とされた。報告書を残したルーサー・フライアーソン少佐は、横浜市に司令部を置く米第８軍で補給部の戦没者部門チーフを務めていた。

遺体は東京の巣鴨プリズンから、横浜市内の米軍第１０８墓地登録小隊に運ぶよう指示。同小隊は、日本への空襲時に撃墜などで戦死した米兵の遺体を各地から回収、本国送還まで横浜市内の接収地に埋葬するのが通常業務だった。

「担当将校には火葬した遺骨を第８軍の連絡機か、日本人が乗っていない船から海にまき、作業完了を証明するよう求めた。７人が処刑された48年12月23日、フライアーソン少佐は連絡機を選択し、太平洋に散骨。その日に速やかに報告書を提出した」

一連の配信記事は約五十の地方紙のほか、日本経済新聞、毎日新聞、産経新聞の各紙に掲載された。NHKや民放、朝日新聞、読売新聞、さらには米国のAP通信やニューヨーク・タイムズ紙、英国のBBCも追いかけて続々と報じた。

私は、事実を記録した公文書の重みを思い知らされた。

久保山火葬場の記録

東条英機元首相ら七人を荼毘に付した横浜市の久保山火葬場に置かれた供養塔には、裏面に職員の一人として西川清治の名前が刻まれている。

久保山火葬場の事務室のロッカーには、東条元首相らを火葬した当日、書記補だった西川が作成した記録が保管されていた。一から七まで番号を振り、赤鉛筆で「米国人火葬大人七名」「注（戦犯）」などと記していた。

「火葬場は九時から業務開始だったが、あの朝、いつもより早く呼び出しを受け、かけつけた。すでにMP（注・米国陸軍の憲兵 Military Policeの略）四人、指揮官、東洋系の人らしい通訳がジープで到着していて、七個の棺が炉の前に安置されていた。指揮官から手渡された英文の書類にあったナンバー1から7までの数字が死者の番号を指しているようなので、そのまま火葬簿に記入した。（中略）通訳が『ナンバーワン、トウジョウ』とささやくように教えてくれた。それを聞きとがめたMPが『シャラップ（黙れ）』とどなったので一瞬ギクッとし、『やはり戦犯だったか』と確信し、あとで目立つように『注（戦犯）』と赤鉛筆で書いておいた。遺骨は、米軍が用意した二重の木箱に一体ずつ入れられ、ＭＰがジープで持ち去った」（「東条らA級戦犯の七人　残っていた火葬記録」朝日新聞、一九七七年十一月十三日）

西川に書類を手渡した指揮官は、米第八軍のフライアーソン少佐だった可能性がある。米軍の電話帳の横浜版をめくると、一九四八年九月版に「補給部戦没者部門チーフ
Ｌ・フライアーソン少佐　野澤屋《のざわや》百貨店５階　３－２２１２」とある。

補給部が入っていた野澤屋は、横浜市の繁華街の伊勢佐木町《いせざきちょう》にあった鉄筋コンクリート造りの百貨店で、米軍が接収していた。なお、野澤屋は戦後しばらくして横浜松坂屋と改称し、人気歌手の「ゆず」がかつて路上ライブをしていた場所としてファンに知られる。今は商業施設の「カトレヤプラザ伊勢佐木」になっている。

電話帳には各軍人の自宅住所も掲載され、一九四八年九月版ではフライアーソン少佐の家は「House #8-586-A Bluff」とある。「Bluff」とは高台の高級住宅地の山手《やまて》地区を指す。横浜開港資料館で一九四九年にＧＨＱが作成した「シティマップ・オブ・ヨコハマ」を閲覧し、番号が付された米軍住宅を目で追っていくと、山手地区に「8-586」と表記された家が確認できた。現在の地名では鷺山《さぎやま》（横浜市中区）の付近に当たる。

フライアーソン少佐の自宅は山手、オフィスは伊勢佐木町の野澤屋、A級戦犯の遺体を運んだ第一〇八墓地登録小隊は本牧緑ケ丘、滑走路は若葉町《わかばちょう》、火葬は久保山火葬場だった。いずれも横浜で、軍用車両なら短時間で移動できる位置関係にある。万が一にも途中でA級戦犯の遺体や遺骨を日本側に奪取されないよう、動線を短くしてリスクを最小化した緻密《ちみつ》なオペレーションだったことがうかがえる。

また、米軍の準機関紙「星条旗新聞」をチェックすると、一九四九年一月八日付で人事異動の記事が見つかった。米本国への異動対象者に「フライアーソン少佐　第八軍　配属先未定」とあった。

この一月八日とは、少佐がA級戦犯の散骨について一月四日付で報告書を作成してから、わずか四日後だ。重要任務を終えた区切りで異動のタイミングを迎えたのか、遺骨の行方を知る少佐を日本から退去させて情報漏れを防ぐ意図があったのかは知るよしもない。一九四九年四月版の米軍電話帳をめくると、少佐の名前はどこにもなかった。

なお、フライアーソン少佐が太平洋へ飛び立った第八軍の滑走路（the Eighth Army Liaison Air Strip）について、「シティマップ・オブ・ヨコハマ」を閲覧すると、横浜市中区若葉町の一帯に「8th Army Cub Landing Strip」とあった。意味するところは同じで「第八軍の滑走路」だ。

鶴岡博《つるおかひろし》（一九三九〜二〇一七年）は若葉町に隣接する末吉町《すえよしちょう》で生まれた。横浜ジャズ協会を立ち上げ、ジャズコンサートの「横浜ジャズプロムナード」を企画したほか、横浜・関内《かんない》でジャズライブのレストラン「Ｂａｒ　Ｂａｒ　Ｂａｒ」を開店し、横浜スタジアム社長も歴任した人物だ。

「私がジャズに触れたのは戦後間もない時期、小学校一年の時です。あのころ、伊勢佐木町の裏、若葉町に進駐軍の飛行場がありました。まちのまん中に滑走路があったのです。（中略）私は毎日、学校帰りに友達を連れて、飛行場の周囲に張られたばら線の間から、飛行機を整備する光景を見ていました。（中略）その整備工場から音楽が流れていました。後になって思えば、それがジャズだったのです」（『横濱の通になる本』横濱まちづくり倶楽部）

横浜でジャズ文化の普及に尽くした鶴岡の原点は、米第八軍の滑走路にあったのだ。東条元首相ら七人の遺骨を積んだ米軍機が太平洋へ飛び立つ時も、滑走路の一角でジャズが流れていたのだろうか。

ＢＣ級戦犯の遺骨はどこに

私はＡ級戦犯の散骨を記した公文書の発見を報じた後、米第八軍のフライアーソン少佐は、横浜裁判で死刑判決を受けたBC級戦犯も同様に散骨していたはずだと仮説を立てた。A級戦犯の遺体処理は失敗が許されず、いきなり本番に臨むのはリスクが高い。先にBC級戦犯を同様に散骨し、一連の手順を確認していたのではないかと考えた。

そこで私は国立国会図書館で、米軍の「巣鴨プリズン文書」をひも解き、横浜裁判で死刑となった五十一人の処刑記録をすべて精査した。米軍は巣鴨プリズンに収容した戦犯の情報を管理し、軍医による死亡確認の診断書や遺体の受領証などを作成していた。

その結果、五十一人のうち十二人の遺体の受領証にフライアーソン少佐のサインがあるのを発見した。A級戦犯七人の遺体の受領証にあった少佐のサインと一致していた。

受領証は上部に「極秘」とあり、年月日に続いて「この日に巣鴨プリズン所長から、処刑された日本人（氏名）の遺体を受け取った」と記されている。右下の部分には、受け取った人の氏名、階級、所属のサインがある。

十二人の内訳は、一九四八年八月二十一日に処刑した十人と、十一月六日の二人だった。米軍が戦犯の遺骨を海に散骨する方針を決めたのが同年八月十三日付だから、その八日後と、約三カ月後に当たる。A級戦犯が処刑された十二月二十三日より少し前の時期だ。

受領証は単に遺体を受け取っただけの記録なので、その後の対応は記されていない。とはいえ、A級戦犯を太平洋に散骨したフライアーソン少佐が、事前にBC級戦犯十二人の遺体処理も担当していたことは知られざる事実だった。

私は二〇二一年十二月二十二日、「BC級戦犯12人も散骨か　東条元首相ら関与の将校」の見出しで記事を配信した。

「第2次大戦後、極東国際軍事裁判（東京裁判）で死刑判決を受けた東条英機元首相らA級戦犯7人を太平洋に散骨した米軍将校が、捕虜虐待などの罪を裁いた『横浜裁判』で死刑となったBC級戦犯12人の遺体処理の責任者だったことが21日、分かった。12人の遺骨の所在は不明で、識者は間もなく処刑から73年となるA級戦犯7人と同様に海にまかれた可能性が高いと指摘している。

共同通信が国立国会図書館所蔵の米軍文書を精査し、判明した。日本大生産工学部の高澤弘明専任講師（法学）によると、横浜裁判では旧日本軍のBC級戦犯51人が死刑となったが、米軍は遺骨を返還していない。処刑されたBC級を含む戦犯の遺骨を海にまく方針を定めていたことから、12人についても散骨した可能性が高いという。

1948年8月21日付と同11月6日付の米軍文書によると、横浜市に司令部を置く米第8軍の戦没者部門チーフ、ルーサー・フライアーソン少佐は、東京の巣鴨プリズンで両日に執行されたBC級戦犯計12人の遺体を受け取った。

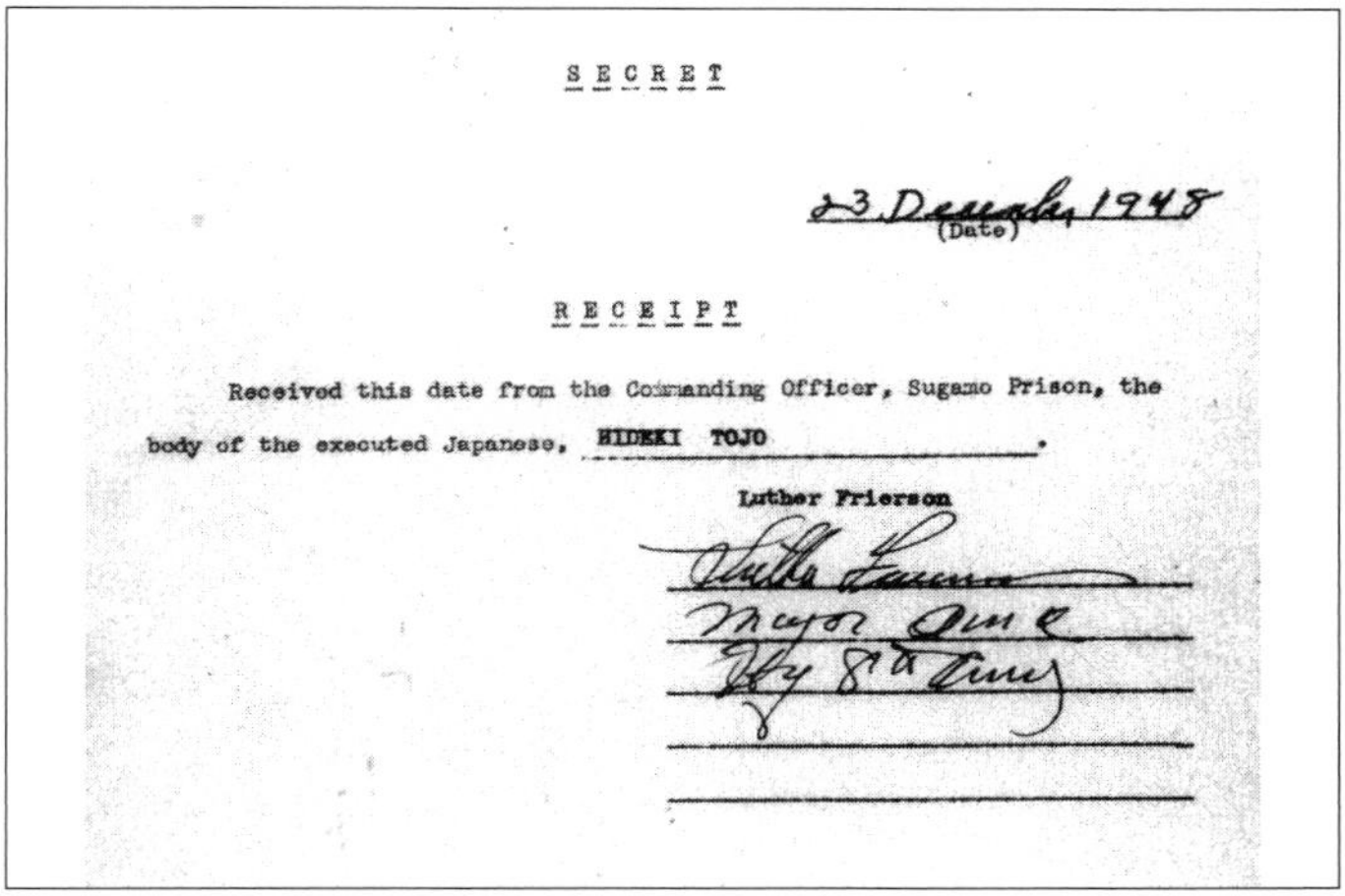

SECRET

23 December 1948
(Date)

RECEIPT

Received this date from the Commanding Officer, Sugamo Prison, the body of the executed Japanese, HIDEKI TOJO.

Luther Frierson

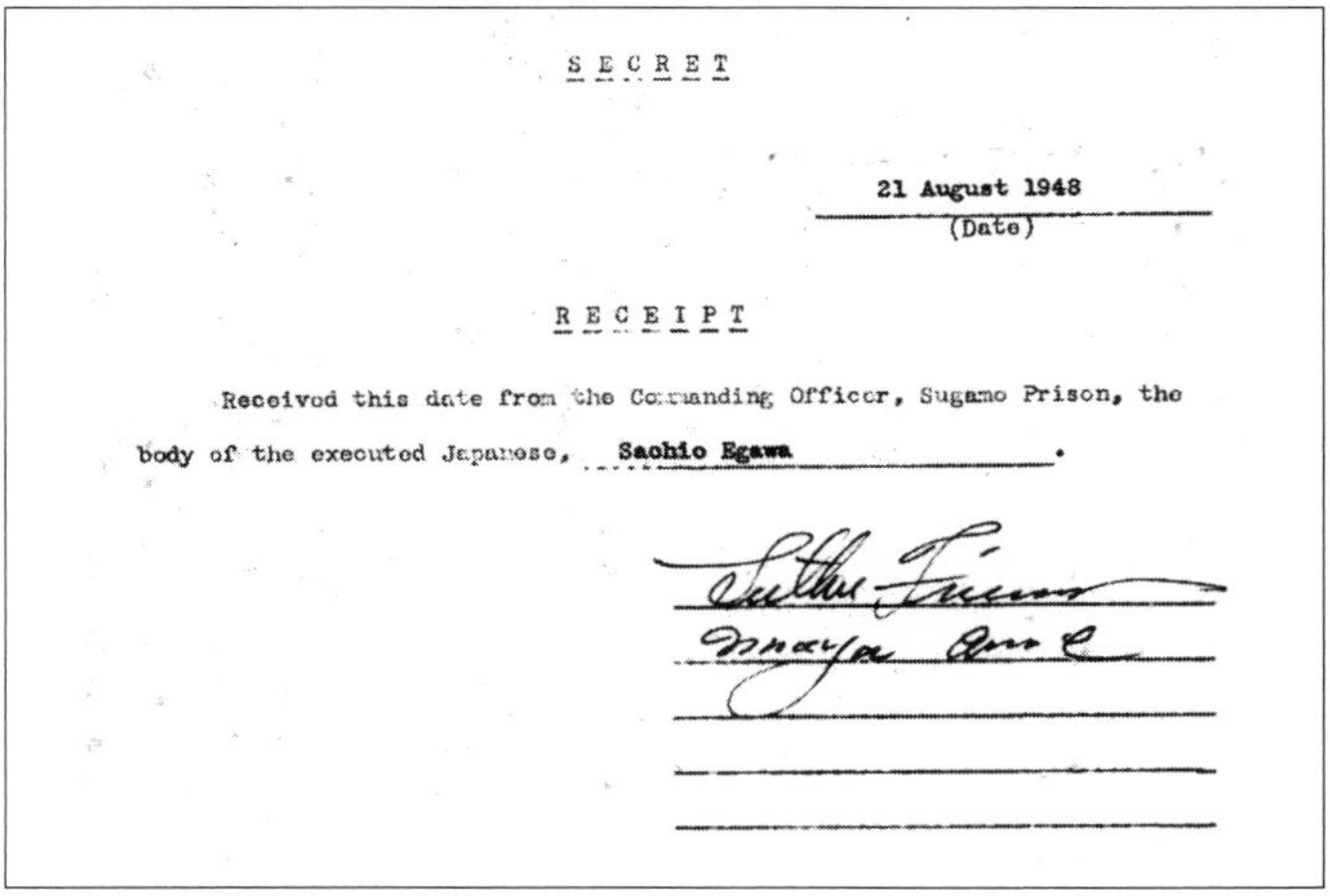

SECRET

21 August 1948
(Date)

RECEIPT

Received this date from the Commanding Officer, Sugamo Prison, the body of the executed Japanese, Sachio Egawa.

BC 級戦犯の遺体の受領証にルーサー・フライアーソン少佐のサインがあるのを発見。東条英機（上）と同じサインが頴川幸生の受領証（下）にも
所蔵：国立国会図書館／原所蔵：米国国立公文書館

12人の内訳は、長野県天龍村《てんりゅうむら》の捕虜収容所勤務が6人、新潟県上越《じょうえつ》市、横浜市、愛媛県新居浜《にいはま》市の収容所勤務が各1人。捕虜が働かされた長崎県佐世保市のダム建設現場の海軍兵曹が1人、フィリピンから日本に捕虜を連れてくる船の指揮官らが2人だった。

米軍は48年8月13日付の文書で、戦犯の遺体を火葬し海に散骨する方針を決め、現場責任者の将校を1人置くとした。少佐が遺体を受け取ったことを記した文書に、その後の対応の記載はない。

少佐は同12月23日に処刑された東条元首相らA級戦犯の遺体を受け取った際は、横浜市内で火葬後、方針通り太平洋に散骨したことが、米軍文書で明らかになっている。

BC級戦犯の遺骨を巡《めぐ》っては、日本側は横浜市の火葬場に骨や遺灰の一部が残されていたとして、53年に遺族に分けて返還した」

この記事で佐世保市の海軍兵曹とは、第一章で取り上げた頴川幸生《えがわさちお》だ。頴川の遺体は何とフライアーソン少佐が巣鴨プリズンで受け取っていたのだ。

また、一九四八年十一月六日に処刑された二人は西沢正夫《にしざわまさお》と柴野忠雄《しばのただお》だった。西沢は横浜・みなとみらいにあった造船所で働く捕虜を収容した派遣所の所長で、柴野は新潟県の直江津《なおえつ》収容所に勤務していた。処刑四日前の十一月二日付の執行手順書が、米軍の巣鴨プリズン文書に残されている。

「墓地登録部門からは一人の将校と四人の下士官兵を派遣し、処刑に立ち会い、処刑後に二人の遺体を受け取って保護する」

「墓地登録部門は、処刑が終わると直ちに死刑囚の指紋を採取して確保する」

そして、二十九人で構成される執行部隊の一員に、次の名前があった。

「墓地登録部門将校　ルーサー・フライアーソン少佐」

一九四九年もBC級戦犯の処刑は続く。同年二月に処刑された七人の遺体は、フライアーソン少佐の後任として第八軍戦没者部門チーフに就いたB・フロエル中佐が受け取った。四月に執行された二人はそれぞれ、フロエル中佐と第八軍戦没者部門のロバート・レイ大尉が受領。五月の一人（第三章の大隈馨《おおくまかおる》）もロバート・レイ大尉が受領した。七月の一人、八月の四人、九月の三人はいずれも第八軍のジョージ・マッギン少佐が、十一月の一人は第一〇八墓地登録小隊のレオ・ゲルハルトスタイン少尉が遺体を受け取っていた。また一九五〇年四月の七人は、第八軍のマッギン少佐が担当していた。

米軍の巣鴨プリズン文書では、横浜裁判で処刑された五十一人のうち、一番目に執行された由利敬の遺体の受領証だけ見当たらなかったが、残り五十人分は確認できた。遺体を受け取って処理したのは、いずれも第八軍の戦没者部門や第一〇八墓地登録小隊の軍人だった。

なお、由利の処刑は一九四六年四月で、第一〇八墓地登録小隊が発足する約一カ月前だった。巣鴨プリズン文書には横浜裁判とは別の事情で刑死した死刑囚の記録も含まれており、一九四六年五月十七日に執行された男性の遺体は、第八軍の第三〇六一墓地登録中隊のリーツェ少尉が受け取っていた。由利の遺体も同じ部隊が対応した可能性がある。

米軍は最初の由利を含め、一九四八年七月までに処刑された計十三人については、どこかに埋葬していたとみられる。そして、一九四八年八月十三日付の文書で海に散骨する方針を発し、すでに埋葬した遺体も掘り起こして同様に海に散骨するのが望ましいと規定した。これにより、由利ら十三人は一九四八年十月十三日、横浜市の久保山火葬場で火葬されたとされる（『嗚呼殉国六十烈士』）。

一九五〇年四月に最後の処刑となった七人の執行手順書には、遺体について「既存の指令に従い、最終処分する」と記されている。「既存の指令」が一九四八年八月十三日付の文書を指し、その後に方針変更がなかったとすれば、五十一人全員が海に散骨された可能性が出てきた。

海洋散骨の意味

米軍にとってＡ級の「平和に対する罪」などと、ＢＣ級の「通例の戦争犯罪」などはカテゴリーの違いにすぎず、戦争犯罪人として同列に扱った。せめてＢＣ級戦犯の遺骨は遺族に返してもよかったのではないかという日本的な発想とは異なる。米軍はいかなる形であれ、戦犯の殉教者《じゅんきょうしゃ》化を防ぐため、海洋散骨で存在の痕跡《こんせき》を消す意図があったとみられる。

ただ、米軍の措置が非道だったかは、時代の変化や遺族一人一人の受け止め方にもよる。私が取材したＡ級戦犯の遺族の一人は、久保山火葬場でフライアーソン少佐が七人の遺骨を一緒くたにせず、人数分の骨つぼに分け、米軍機から太平洋上の広範囲にまいた点に着目し、「一定の敬意が払われている」と感想を語った。

戦犯の遺骨の行方に焦点を当てて見えてきたのは、Ａ級戦犯とＢＣ級戦犯は、横浜市に司令部を置く米第八軍を通じてつながっていたことだ。両者とも第八軍が管理する巣鴨プリズンに収容され、処刑された。その遺体処理に関わった軍人は第八軍に所属していた。

戦後七十年以上もＡ級戦犯の遺骨の行方が判明しなかったのは、「ＧＨＱ」「Ａ級戦犯」「東京裁判」という東京の視点で史料収集にアプローチしていたことが一因ではないだろうか。「米第八軍」「ＢＣ級戦犯」「横浜裁判」といった横浜からの視点こそが、Ａ級戦犯散骨の新史料にたどり着く鍵だった。

横浜裁判を研究する高澤弘明氏が、占領史研究において後世に残る発見を成し遂げたのは、偶然ではなく必然だったと思えてならない。

ここまで見てきた遺骨の行方は、刑死した戦犯に限った話ではない。先の大戦で日本の戦没者は約三百十万人に上る。うち海外での戦没者は約二百四十万人で、その約半数の百十二万人の遺骨は回収されないままだ（二〇二二年四月末現在、厚生労働省資料による）。

今なお極寒のシベリアに眠り、太平洋の島々に放置され、海の藻屑《もくず》となった数々の遺骨に、一人一人の人生と残された遺族の戦後があったことを忘れるわけにはいかない。

第五章

今につながる「個人の滅却」と「機械視」

十三歳の記憶

十三歳の少年時代に遭遇した処刑寸前の米兵の姿が、九十歳を超えた今なお目に焼き付いている。現役の弁護士大倉忠夫《おおくらただお》は、神奈川県横須賀《よこすか》市の自宅で、あの日の記憶を私に語り始めた。

一九三一年に東京で生まれ、一九三九年に父親の出身地の鹿児島県・喜界島《きかいじま》に移り住んだ。鹿児島市と沖縄本島の中間に位置し、奄美《あまみ》群島を構成する離島だ。

太平洋戦争中、喜界島には海軍の飛行場があり、特攻隊の中継基地として使われ、米軍の激しい空襲にたびたび見舞われた。

戦争末期の一九四五年五月下旬、十三歳の大倉は、久しぶりの快晴に恵まれたので、友達数人と連れ立って山道を上っていた。初めて歩く場所でどこに出るのか分からない。やがて平らな台地が現れ、農道を二十～三十メートル歩くと、道ばたに憔悴《しょうすい》した様子で座っている人に出くわした。包帯で目隠しされ、足はやせ細り、膝《ひざ》が震えていた。友達が思わず声を上げた。

「誰だ。アメリカ人じゃないか」

米兵らしき人は顔を上げ、何か言いたげに唇をわずかに動かしたようにも見えたが、声は聞き取れなかった。

突然、背後から日本軍の兵士が近づいてきて「お前ら、何をしている。あっちに行け」と怒鳴られた。みんな走って逃げたが、最後尾にいた友達の一人は、振り返ると追いかけてこないのを見て、大胆にもこっそり引き返して様子をうかがっていた。その友達から後で聞いた話によれば、米兵らしき人は藪《やぶ》かげに連れて行かれ、兵士が刀を振り下ろした。

帰宅して大倉が父親に一部始終を話すと「人には言うな」と口止めされ、胸にしまっておくことにした。

あの人はどこの誰だったのだろう。なぜ、喜界島にいたのだろう。疑問は尽きなかったが、解消されないまま時が流れていった。

戦後、喜界島は米軍の統治下に置かれる。大倉は奄美大島《おおしま》の大島高校を卒業し、大学受験のため、留学生として東京へ船で向かった。「パスポート」には特徴の欄に「Oriental」「東洋人」と記載されていた。

入国管理を担っていた外務省に行くと、「帰国を認める」と判子を押された。東京生まれの大倉は、米軍統治下の喜界島から日本に留学生として「帰国」したのだった。

大倉は大学を中退し、郵政省に就職した後、司法試験に合格。横須賀市に転居し、弁護士として活動した。

ある時、米国には情報自由法があり、誰でも活用できる仕組みがあることを知る。一九九五年、米国国立公文書館に英文の手紙を送った。請求したのは喜界島で起きた米兵処刑事件を裁いた横浜裁判の記録だった。コピー代など諸経費を振り込むと、郵送で段ボールが届いた。開けると英文の裁判記録が詰まっていた。

少年時代に出会ったのは、米兵搭乗員のデイビッド・キンカノンと判明した。キンカノンは大倉らと遭遇した直後、斬首《ざんしゅ》されたのだった。

大倉は裁判記録を読み込み、九十歳になった二〇二一年の暮れ、『奄美・喜界島の沖縄戦』（高文研）を出版した。喜界島の歴史を詳述し、島で起きた二件の米兵斬首事件について横浜裁判の記録を検証した六百ページ近い大著だ。

事件の一つは一九四五年四月ごろ、空襲中に撃墜された米軍のアーサー・トーマス少尉《しょうい》の斬首だった。横浜裁判の審理は一九四八年七月十九日に始まり、同月二十六日の判決で佐藤勇《さとういさむ》少佐《しょうさ》ら二人に死刑、ほか二人に懲役四十年が言い渡された。

もう一つがデイビッド・キンカノン大尉の斬首事件で、裁判は一九四八年八月五日に始まり、同月十三日の判決で佐藤少佐が懲役二十年、もう一人が懲役七年となった。

佐藤は第三章で取り上げた大隈馨《おおくまかおる》少佐より四歳年上で、同じ海軍機関学校出身だっ

CERTIFICATE OF IDENTITY

UNITED STATES CIVIL ADMINISTRATION
OF THE RYUKYU ISLANDS

旅行証明書

琉球列島
米國民政府

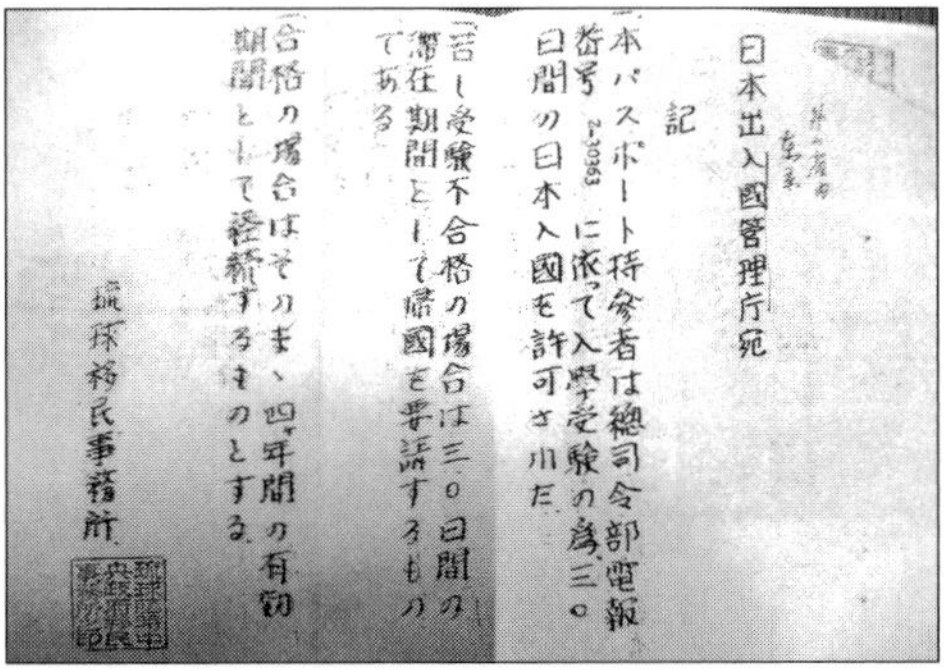
日本出入國管理庁宛

記

本パスポート持参者は總司令部電報番号2-3083に依って入學受驗の為三〇日間の日本入國を許可された。

若し受驗不合格の場合は三〇日間の滞在期間として帰國を要請するものである

合格の場合はそのまゝ四年間の有効期間として継続するものとする。

琉球民事務所

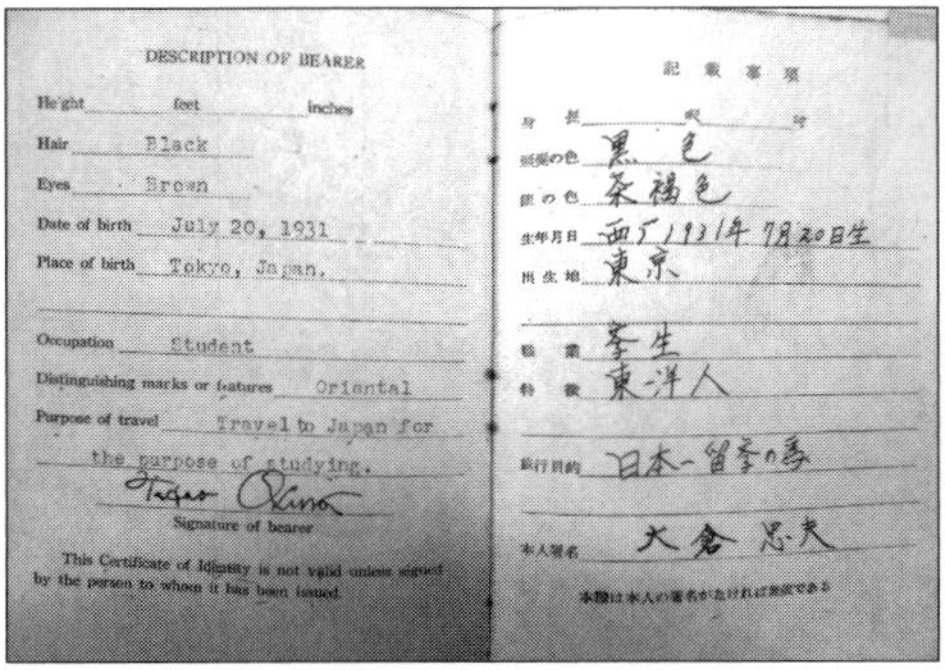
DESCRIPTION OF BEARER

Height feet inches

Hair Black

Eyes Brown

Date of birth July 20, 1931

Place of birth Tokyo, Japan.

Occupation Student

Distinguishing marks or features Oriental

Purpose of travel Travel to Japan for the purpose of studying.

Signature of bearer

This Certificate of Identity is not valid unless signed by the person to whom it has been issued.

記載事項

身長 尺 寸

頭髪の色 黒色

眼の色 茶褐色

生年月日 西暦1931年7月20日生

出生地 東京

職業 学生

特徴 東洋人

旅行目的 日本へ留学の為

本人署名 大倉忠夫

本證は本人の署名がなければ無効である

大倉弁護士が米軍統治下の奄美から、大学受験で東京に向かったときの「パスポート」。特徴欄に「Oriental」（写真下・左）、「東洋人」（同・右）とある

た。佐藤が裁かれた二つの事件の検事は、大隈の時と同じレオナルド・ランドが務めた。大隈のカイリル島の審理は一九四八年六月二十二日から七月六日までだったから、ランド検事は大隈の判決から約二週間後に、佐藤の喜界島事件の審理に移行したことになる。大隈と佐藤はランド検事の追及を受けた結果、同じ七月に死刑判決を言い渡されていたのだ。

喜界島航空基地司令だった佐藤は、一九四九年七月九日、処刑された。三十八歳だった。

米兵を斬首した軍人は南西諸島海軍航空隊の喜界島派遣隊に所属していたが、喜界島派遣隊長は戦後、逃亡して逮捕を免《まぬが》れていた。法務省参与の豊田隈雄《とよだくまお》が一九六九年に実施した聞き取り調査に対し、元被告の一人は「(隊長が)死亡を偽装して自分の位牌《いはい》を作っていずれかへ身を隠した」と指摘し、「(隊長が)逮捕されていたら、(佐藤は)あるいは死刑は免れていたかもしれない」との見解を示した。佐藤の最期《さいご》について「従遡《しょうよう》としてまことに立派であった。皆の責任を一身に背負って逝《い》かれた」と語っている(国立公文書館資料)。

大倉は著書に込めた思いを次のように語った。

「喜界島で私が経験したことは島の歴史でも稀有《けう》なことだった。島の歴史は横浜裁判のことを書かないと完結しない。避けてはならず、タブー視してはいけない。私たちの世代がいなくなれば記憶はなくなる。戦争中の出来事を記録し、歴史から消したくなかった」

自宅で二時間以上も話を聞かせてもらった最後に、大倉は『自由と正義』(日本弁護士連

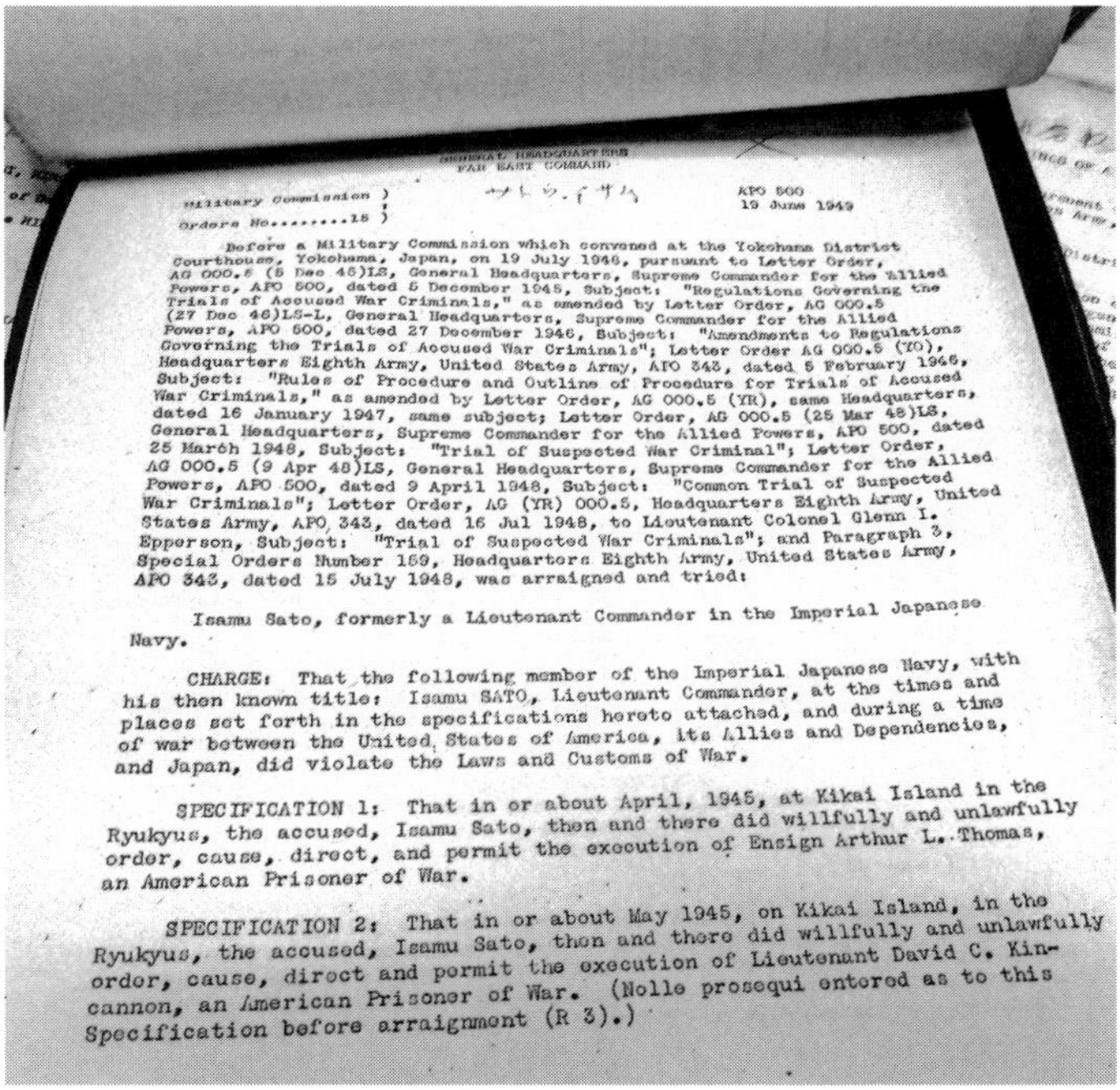

GENERAL HEADQUARTERS
FAR EAST COMMAND

Military Commission) サトウ.イサム APO 500
 ; 19 June 1949
Orders No.........18)

Before a Military Commission which convened at the Yokohama District Courthouse, Yokohama, Japan, on 19 July 1948, pursuant to Letter Order, AG 000.5 (5 Dec 45)LS, General Headquarters, Supreme Commander for the Allied Powers, APO 500, dated 5 December 1945, Subject: "Regulations Governing the Trials of Accused War Criminals," as amended by Letter Order, AG 000.5 (27 Dec 46)LS-L, General Headquarters, Supreme Commander for the Allied Powers, APO 500, dated 27 December 1946, Subject: "Amendments to Regulations Governing the Trials of Accused War Criminals"; Letter Order AG 000.5 (YO), Headquarters Eighth Army, United States Army, APO 343, dated 5 February 1946, Subject: "Rules of Procedure and Outline of Procedure for Trials of Accused War Criminals," as amended by Letter Order, AG 000.5 (YR), same Headquarters, dated 16 January 1947, same subject; Letter Order, AG 000.5 (25 Mar 48)LS, General Headquarters, Supreme Commander for the Allied Powers, APO 500, dated 25 March 1948, Subject: "Trial of Suspected War Criminal"; Letter Order, AG 000.5 (9 Apr 48)LS, General Headquarters, Supreme Commander for the Allied Powers, APO 500, dated 9 April 1948, Subject: "Common Trial of Suspected War Criminals"; Letter Order, AG (YR) 000.5, Headquarters Eighth Army, United States Army, APO 343, dated 16 Jul 1948, to Lieutenant Colonel Glenn I. Epperson, Subject: "Trial of Suspected War Criminals"; and Paragraph 3, Special Orders Number 159, Headquarters Eighth Army, United States Army, APO 343, dated 15 July 1948, was arraigned and tried:

Isamu Sato, formerly a Lieutenant Commander in the Imperial Japanese Navy.

CHARGE: That the following member of the Imperial Japanese Navy, with his then known title: Isamu SATO, Lieutenant Commander, at the times and places set forth in the specifications hereto attached, and during a time of war between the United States of America, its Allies and Dependencies, and Japan, did violate the Laws and Customs of War.

SPECIFICATION 1: That in or about April, 1945, at Kikai Island in the Ryukyus, the accused, Isamu Sato, then and there did willfully and unlawfully order, cause, direct, and permit the execution of Ensign Arthur L. Thomas, an American Prisoner of War.

SPECIFICATION 2: That in or about May 1945, on Kikai Island, in the Ryukyus, the accused, Isamu Sato, then and there did willfully and unlawfully order, cause, direct and permit the execution of Lieutenant David C. Kincannon, an American Prisoner of War. (Nolle prosequi entered as to this Specification before arraignment (R 3).)

米国国立公文書館から大倉弁護士のもとに届いた横浜裁判の記録

合会、一九九六年十一月号）に寄稿した自身の文章を読み上げ、米兵をしのんだ。

「米国から見れば所在も定かでない喜界島の山中で遥《はる》か故国の家族に思いを馳《は》せながら死んでいったであろうあの人の墓標がずっと私の心の中に立っていたのだ。私があの人の墓標だった」

法律家の目で検証

戦後七十五年を迎えた二〇二〇年、神奈川県弁護士会の有志が「ＢＣ級戦犯横浜裁判調査研究特別委員会」を立ち上げ、審理の検証作業に乗り出した。

埋もれた横浜裁判の記録に光を当て、法の支配や戦争の惨禍《さんか》という観点から、個々のケースを法律家の目で分析しようという取り組みだ。

横浜市に事務所を構える間部俊明《まなべとしあき》弁護士が委員長に就《つ》き、横須賀市の大倉忠夫弁護士ら約十五人で構成される。二〇二〇年六月に開いた会合で、横浜裁判の全三百三十一事件から対象を絞り込み、前身の旧横浜弁護士会が関与、現場が神奈川県内、死刑判決の三点のいずれかに該当する事件を取り上げる方針を確認した。

この動きを知った私は、七月十八日に「ＢＣ級戦犯、審理検証　国内唯一の『横浜裁判』」「先達の秘蔵資料、突破口に　黒塗りの記録、解読に挑む」と先駆けて報じた。

一九四五年生まれで医療過誤などの訴訟に多く携わってきた間部弁護士はこの時、七十五歳。現役で忙しい本業の傍《かたわ》ら、報酬につながるわけでもない「歴史」に時間を割《さ》いて向き合おうとするのはなぜなのか。そこには何か特別な思いがあるような気がして、私は間部弁護士の活動に関心を持った。

きっかけは一九九七年にさかのぼる。一九四七年五月三日の憲法施行から五十年となる節目に合わせ、日弁連（日本弁護士連合会）は各地の弁護士会に記念事業の開催を呼びかけ、横浜弁護士会（現・神奈川県弁護士会）は横浜裁判をテーマの一つに掲げた。

一九九七年五月二日、横浜開港記念会館で集会を開き、「BC級戦犯横浜裁判を考える」をテーマに、一九一四年生まれで八十歳を超えた桃井銈次《ももいけいじ》弁護士が体験談を語った。

桃井弁護士は横浜裁判で、福岡市に司令部を置いた西部軍が米兵捕虜を処刑した事件を担当した。一九四五年六月十九日、米軍のB29による福岡市への無差別爆撃で、陸軍の冬《とう》至堅太郎大尉《じけんたろうたいい》は母親を失った。冬至は翌二十日、この空襲とは別の日に墜落した米搭乗員の処刑現場に遭遇する。軍の法務部長らの姿があり、処刑は手続きを踏んだはずと考え、とっさに志願して日本刀で一人を斬首し、上官の命令でさらに二人を処刑した。

だが処刑は軍律会議という手続きを経ておらず、米軍は横浜裁判で捕虜《ほりょ》殺害の罪を追及した。冬至は法廷で経緯を証言したかったができないまま、死刑判決が言い渡された。

当時、桃井弁護士は冬至と同じ三十代前半だった。主任弁護人は米国人が務め、冬至の上官たちの供述に食い違いがあり、桃井弁護士は十分な弁護ができなかった。のちに冬至は終身刑に減刑されて死刑執行を免れたが、桃井弁護士には忸怩《じくじ》たる思いが残った。

憲法施行五十年のイベントに関し、桃井弁護士は当初、乗り気でなかった。間部弁護士から「横浜裁判の体験を若い世代に伝えてほしい」と打診されても「覚えていない」とそっけなかった。しかし、間部弁護士の熱意がこもった説得の末、「こんな物があったよ」と倉庫から資料を取り出した。

横浜裁判からおよそ半世紀がたっていたが、桃井弁護士は西部軍事件の弁護資料を手元に残し、裁判の被告の実名や事件の概要を網羅《もうら》した一覧表も保管していた。

間部弁護士はほかの弁護士有志と「ＢＣ級戦犯横浜裁判調査研究特別委員会」を立ち上げ、本格的な調査を始めた。全国各地で関係者を探し、遺族から資料を提供してもらい、元被告ら当事者に聞き取りをした。外交史料館などで入手した資料は氏名を黒塗りにして開示されたが、桃井弁護士が残した一覧表を活用して解読。桃井弁護士も西部軍事件の裁判記録の調査に加わった。

調査委は北海道、長野、神奈川、愛知、大阪、福岡などで起きた十件を検証し、二〇〇四年に出版した『法廷の星条旗』（日本評論社）に結実した。名古屋や台湾への米軍の無差別爆撃で、撃墜して捕らえた米搭乗員を戦争犯罪人として軍律会議を経て旧日本軍が処刑した行為が、逆に戦争犯罪に問われたケースを分析。捕虜に治療目的でお灸《きゅう》を据《す》えたことが虐待として裁かれ、文化の違いが浮き彫りになった事案も取り上げた。

それまでBC級戦犯に関する著作は当事者や研究者、作家が手掛けたものがほとんどだったため、実務に通じた法律家が個別具体的に審理の手続きや妥当性を検証した同書は、研究者の間でも高い評価を受けた。

ただ、調査できた事件は十件で氷山の一角にすぎず、残り三百件あまりは手つかずのままだった。裁判記録には「明らかにされるべき歴史の真実が眠っている」と考えた間部弁護士は、二〇二〇年に調査委を再始動させた。

調査委は会合を月一回程度開き、私もその模様を取材したが、若手弁護士が調査中の事件について資料収集の進捗を報告し、今後の方向性をめぐって活発な議論が交わされていた。老壮青《ろうそうせい》の弁護士が日常業務から離れて一堂に会し、地元で起きた稀有な歴史上の裁判と向き合う姿に、泉下《せんか》の桃井弁護士も目を細めているのではないだろうか。

神奈川県弁護士会は二〇三〇年に創立から百五十年を迎える。それまでに調査委は順次、横浜裁判の検証結果を書籍などで公表する方針だ。

間部弁護士は私の取材に「先輩の桃井弁護士から受け継いだ資料のおかげで独自の調査

ができる。イデオロギーにとらわれず、法律家の目で個々の裁判実態を検証したい。若い弁護士に先輩たちの奮闘を繰り返し伝えていきたい」と力を込めた。

無力感をにじませた飛鳥田親子

なぜ横浜裁判の調査にこだわるのか。間部俊明弁護士はその理由の一つに「歴史的責務」を挙げる。

横浜市に司令部を置いた米第八軍が太平洋戦争後、国内で唯一開いたＢＣ級戦犯法廷で、横浜弁護士会は被告の弁護に関わった。

裁判官、検察官、主任弁護人を原則、米国人が占めた軍事法廷に、地元横浜の弁護士たちも補佐役として参加した。その稀有な歴史を継承し、横浜裁判の実態を掘り下げ、先輩たちの奮闘を伝えたいというのが間部弁護士の思いだ。

一九四五年十二月十五日、横浜弁護士会に突如、戦犯の弁護が打診された。会長の渡辺《わたなべ》治湟《じこう》は次のように振り返っている。

「横浜弁護士会が引受けるか否《いな》かで、永久に日本人弁護士が締め出しを食うかもしれん。返事を聞く暇もない。兎《と》も角《かく》引受けろとのことで、英語もろくすっぽできないが決死の覚悟でやることにした」(『横浜弁護士会史　上巻』横浜弁護士会)

一九四五年十二月十八日、横浜裁判が開廷した。複数の法廷を使って審理が進み、長期化の様相を呈していく。横浜弁護士会は一九四七年一月二十八日の臨時総会で戦犯弁護の義務化を決議した。

当時の会長だった飛鳥田喜一《あすかたきいち》が呼びかけた結果、四十四人の地元弁護士が参加した。

飛鳥田が初めて弁護したのは、福岡県大牟田《おおむた》市の福岡俘虜《ふりょ》収容所第十七分所で所長を務めた福原勲《ふくはらいさお》だった。部下による米兵捕虜への虐待を許容し、三人の死亡に寄与した罪に問われた。

弁護側の記録を読んでいると、飛鳥田が自身の法律事務所の原稿用紙に感想を記したメモが残されていた。

「弁護人フィリップス少佐は、日本の当時の状態下にもし何人《なんぴと》を被告の地位に置いても被告が行いたる以上に良い管理は出来ぬであろう。また口述書の如《ごと》きは針小棒大《しんしょうぼうだい》なる陳述多く、証拠に採り難《がた》いと例を挙げて論争委局《ママ》を尽くした弁論をなし、次に自分が弁護論をやった」

フィリップス少佐とのコンビで臨んだものの死刑判決が言い渡され、「遺憾至極《いかんしごく》」と書き残している。

飛鳥田は弁護活動の支障になった点として日本側の証拠隠滅《いんめつ》を挙げた。

「返す返す残念なことは、終戦時に書類が一部焼却せられたことである。焼却の事実は他の残存書類の信憑力《しんぴょうりょく》を減殺《げんさい》せられて終った感が深い」

敗戦に伴い、日本軍は大量の書類を燃やしたが、日本側の行動やアリバイの証明につながる記録をも失ったようだ。

飛鳥田は一九五八年の法務省の聞き取り調査に、福原が捕虜の食料を自ら調達していたと強調しつつ、日本人から不利な証言が出たと嘆いている。

「何という日本の少佐であったか、福原の証言に不利益なことをいうたので、私もフリップ（注・フィリップス）もこんな証言が出たのではどうにもならぬと思った」

二世の通訳の日本語能力が低く、「私どもの言うことが通じないなどの不便も手伝い、福原を死刑にしてしまった」と不満を示したが、米国の弁護人は「事実を確かめるには時間を構わず、調査に当たったという感心した状況もあった」と評価している。

飛鳥田の息子で、のちに社会党委員長や横浜市長となる飛鳥田一雄《いちお》も、弁護士として横浜裁判の法廷に立った。長崎県柚木村《ゆのきそん》の福岡俘虜収容所第十八分所で、所長だった二十代の池上宇一《いけがみういち》が捕虜の虐待死などの罪で裁かれたケースを担当している。

三十代に入ったばかりの飛鳥田一雄の最終弁論を読むと、検察側が証拠として提出した元捕虜の供述書について、元捕虜が法廷に来ないため反対尋問ができず、信憑性が疑われると批判している。死亡した捕虜は営倉《えいそう》に入れられていたが、その時は池上が不在だったとして「彼の責任に帰することはできないはずである」と主張した。

結局、池上には死刑判決が言い渡された。のちに一雄は『飛鳥田一雄回想録』（朝日新聞社）で次のように吐露《とろ》している。

「その捕虜の死んだ日ってのが、どうも怪しいんだ（中略）結婚式で田舎へ帰ってて、虐待のしようがないんだ（中略）裁判官に『デス・バイ・ハンギング（絞首《こうしゅ》）』って言われても、彼、分からないんだ。かわいそうでたまらなかったよ」

ほかに一雄は、横浜公園球場（現・横浜スタジアム）のスタンドの下に設けられた俘虜収容所の東京第三分所の事案で、通訳の上等兵が懲役一年となったケースを担当。懲役四年となった台湾軍法務部の法務大尉《たいい》などの弁護にも当たった。

飛鳥田親子はいずれも、担当した被告が死刑判決を突き付けられ、処刑された。残された資料からは、日本人弁護士としての無力感がにじみ出ていた。

弁護の限界と弁護士の葛藤

横浜裁判で扱った事件の舞台は、東南アジアにも広がる。

太平洋戦争で日本軍は蘭印《らんいん》（オランダ領東インド、現在のインドネシア）の石油資源の獲得を目指し、一九四二年一月から蘭印作戦を開始した。

今村均《いまむらひとし》中将《ちゅうじょう》が率いる陸軍の第一六軍は、破竹の勢いでジャワ島に上陸。蘭印軍や米英豪の連合軍を三月上旬に降伏させた。まさに電撃作戦だった。

日本の海軍部隊は一月下旬、現在のインドネシアのスラウェシ島（当時はセレベス島）のケンダリーを占領していた。島には海軍の第二三特別根拠地隊セレベス派遣隊が駐屯。その隊長や隊員ら計十人が、米兵捕虜を一九四四年十一月に殺害した罪に問われ、横浜裁判で裁かれた。横浜弁護士会所属の小池広澄や吉住達一郎らが補佐役で被告の弁護に当たっている。

十人のうち九人が合同裁判で、少尉一人が分離裁判となった。合同裁判では米兵処刑の目撃証言を確かめるため、公判を約一カ月休廷し、裁判官、検事、弁護人による現地調査を実施したという。判決は無罪が三人、懲役十年が五人、懲役二十年が一人だった。小池は法務省の聞き取りに十分な弁護ができなかったと漏らしている。

「言葉の不自由、英米方式裁判への不慣、証拠の性格等についても充分の理解がなく有効な証拠の収集が出来なかった」

四十歳だった吉住は、分離された少尉を担当したが、一九四八年七月に懲役十年の判決が言い渡され、確定した。一人だけ分離された事情について、ある元被告は法務省の聞き取り調査に「（少尉は）逮捕が開廷当日となったため、分離裁判され数時間で判決された」と述べている。

吉住はフィリピンの事件でも被告を弁護した。マニラにあった海軍第一〇三施設部の部長や部員ら計五人が、マニラ南方のニコルス飛行場などの建設に従事する米兵捕虜を虐待した罪で裁かれたケースだ。

吉住は施設部長だった中将を担当した。起訴理由には、中将が米兵三人の死亡に寄与したほか、部下による殴打を許容したなどと記されている。

戦後の法務省の聞き取り調査に対し、吉住は被告同士の複雑な事情に触れている。

「温厚な人格者であったが結局、部下のやったことに対して責任を問われたことになった。その真相は現在なお、存命中の人々にも関係してきて問題になることが多くなり、実に言いにくい。この事件では自分が助かろうとして、人を陥《おとしい》れたということなどもあった」

吉住ら弁護団は箱根《はこね》（神奈川県）にこもって対策を練ったが、思うような弁護ができなかったと悔《く》いている。担当した中将は懲役二十五年の判決を言い渡された。

「私は弁護人として力の足らなかったことを気の毒に思っている。（中略）この事件で死刑が出なかったのがせめてもの慰《なぐさ》めである」

日本人弁護士は補佐役にすぎず弁護には限界があった。同じ日本人の被告を守れなかった葛藤《かっとう》や自責の念を抱える姿が、吉住の回想からうかがえる。

被害と加害の連鎖

私が間部俊明弁護士への取材で印象に残ったのは「被害と加害の連鎖」という言葉だ。

太平洋戦争末期、米軍による空襲で、日本軍は撃墜して捕らえた瀕死《ひんし》の米兵を処刑したり、軍律会議という手続きを経て戦争犯罪人として処刑したりした。しかし、戦後になると、米軍はそうした米兵の処刑を戦争犯罪と問題視して裁きにかけた。

一九四五年六月二十三日、米軍の戦闘機が千葉県多古町《たこまち》に墜落した。重傷の米兵は陸軍第一五二師団がある千葉県佐原町《さわらまち》（現・佐原市）の小学校に連行される。起訴理由によると、集まった町民が暴徒と化し、米兵を殴打して殺害した。

横浜裁判では軍人六人と、女性二人を含む町民十一人が裁かれた。陸軍大佐が懲役四十年となったほか、軍人の三人と女性二人に無罪が言い渡されている。

事件当時、留守で無罪判決となった第一五二師団長の陸軍中将は、戦後の法務省の聞き取り調査で、暴行発生時の状況に言及している。

「たまたま息子を戦死させた老婆《ろうば》の一人が躍《おど》り出て俘虜に暴行を加え、これを見た民衆も興奮して『こん畜生《ちくしょう》』とこれに和《わ》した」

弁護側の記録によると、この中将は老婆の行動を批判しつつ、空襲で住民の報復感情が爆発したと指摘している。

「俘虜を民衆に見せたことが一番問題だとしても、それも結果論と言えるし、瀕死の敵俘虜一名の運命をそれほど問題にしていなかったことも、東京が爆撃され、空中戦闘もこの目で見、附近の海軍飛行場も次々と爆撃されているのを見て興奮していた民心を考えると、当然のような気もする」

終戦直前の一九四五年八月九日ごろ、東京の立川《たちかわ》で、米軍のB29から落下傘で脱出した米兵二人が捕らえられた。立川憲兵分隊に連行されると、殺気立った千人以上の群衆が米兵を見せろと集まり、憲兵分隊の建物に投石する事態となった。

そこで憲兵が一人の米兵を国民学校の運動場に移し、柱に縛り付けて見世物にした。群衆は約二時間にわたり捕虜を殴打し、最後に軍人が捕虜を斬首したという。

横浜裁判で証人となった小学校の副校長は、次のように状況を説明している。

「憲兵隊より今から俘虜を校庭にて見世物になすため連れて行くとの電話ありしこと。当時憲兵隊と言えば泣く子も黙るとされたほど恐れられ居たる故《ゆえ》、心よく返事をなしたり」

「民衆のほとんど全部が俘虜の腰部、背、足部等を打擲《ちょうちゃく》したり」

裁判では立川憲兵分隊の少佐が暴行を放置したなどとして、終身刑が言い渡されている。間部弁護士は「被害と加害が連鎖し、実にやり切れない。近年、国家による国際法違反の行為が横行している。世界に開かれた港町の横浜だからこそ、横浜裁判の検証を通じて国際法の順守や再構築を訴えていきたい」と話している。

人体実験と報道

横浜裁判の代表的な三大事件は、九州大学生体解剖《せいたいかいぼう》事件、石垣島《いしがきじま》事件、フィリピンの「バターン死の行進」事件とされる。

遠藤周作《えんどうしゅうさく》の小説『海と毒薬』の題材となった生体解剖事件は、九州帝国大学（現・九州大学）の医学部教授らが、大分と熊本の県境で撃墜されたB29の米兵八人を実験手術で殺害した罪に問われた。治療目的でなく、血管に海水を注入し、肺などの臓器を切除した。解剖を主導した教授は裁判を前に自殺し、責任を取るべき人がいない事態となったのは、第三章のカイリル島事件と似ている。裁判では西部軍や医学部の関係者約三十人が起訴され、五人に死刑判決が下されたが、のちにいずれも減刑されている。

共同通信社横浜支局では、第一号事件から本社の応援を得て、横浜裁判の報道に力を入れていた。横浜地裁の二階にあった記者室が拠点で、支局員の記者二人が中心となり、各紙に記事を配信していた。

米軍は九州大学生体解剖事件について、人体実験というセンセーショナルな事案だったためか、事件の内容や公判日程をなかなか明かさなかった。『回想　共同通信社50年』によると、事前に概要をつかもうと各社の取材が過熱する中、共同通信社の担当記者の一人が「某筋」から情報を入手し、独自取材の記事として全国に配信した。米軍は報道に目くじらを立て、この敏腕記者を拘束して数日間にわたって取り調べ、脅迫を加えた。支局長らが米軍に掛け合い、何とか解放されたという。

太平洋戦争中は、大本営（戦時や事変で設置され陸海軍を統帥《とうすい》した日本の最高機関）の報道統制を受け、戦後はＧＨＱの規制（プレスコード）に縛られた。そうした状況下、私の何十年も先輩にあたる当時の横浜支局員は、横浜裁判を全国に報じ続けた。

「公判廷の傍聴席には被告の家族たちと思える人々が詰めかけていた。背中にＰＷと書かれた被告の姿をじっと見つめている情景にはいつも涙を誘われた。なんともやりきれない、むなしさを感じながら記事を書いている毎日であった」

上官の責任回避、責任転嫁

二つ目の石垣島事件は一九四五年四月、米艦載機が沖縄県・石垣島に来襲した際、撃墜して捕らえた米兵三人を海軍警備隊が殺害した事件だ。司令官ら四十六人が起訴され、四十一人が死刑判決となり、七人が執行されるという異例の展開をたどった。

『戦犯裁判の実相』(巣鴨法務委員会)によると、次のような事情があった。

「上官の責任回避及び責任転嫁、調査の初期に於《お》いて、井上司令、井上副長、榎本中尉等の責任のなすり合いに由《よ》り、事件当時の命令が非常に不明瞭になり、責任の所在判明せず」

「起訴の際は四十六名(上は司令大佐より下は軍籍に入って僅《わず》かに十五日)の共同謀議という軍隊にあるまじき罪状項目を受く」

トップの責任回避により、多数の部下が巻き添えになった構図と言える。

終身刑の判決を受けた被告の一人は、戦後の法務省の聞き取り調査に、上官から口封じの圧力を受けたと述べている。

「司令は此《こ》の件を知らぬ存ぜぬと口供書に述べ、副長も不在であったから知らぬと口供書に述べ、両人共に[redacted](注・黒塗り)が実施して殺害したと述べられてあります為《ため》に、罪状項目の如《ごと》く私にかかって来た」

「裁判中、司令[redacted](注・黒塗り)大佐は私に真実の事を言ってくれるな、頼む。真実を言えば関係者全部同罪として見えるからそう思ってくれと申し述べられました」

そして三つ目の「バターン死の行進」。太平洋戦争の緒戦、日本陸軍がフィリピンのバターン半島を攻略した際（一九四二年四月）、降伏した米軍とフィリピン軍から想定を超える約七万六千人もの将兵が投降し、日本軍の捕虜となった。捕虜たちは炎天下、収容所まで長時間歩かされ、栄養失調などで約二万人が死亡したとされる。

米軍がマニラで開いたBC級戦犯裁判で、陸軍の本間《ほんま》雅晴《まさはる》中将《ちゅうじょう》が銃殺刑にされた。同時に横浜裁判でも、在フィリピンの第一四軍第三輸送隊司令官の河根《かわね》良賢《よしたか》少将と、同軍第六一兵站《へいたん》地区隊長の平野《ひらの》庫太郎《くらたろう》大佐に死刑判決が言い渡され、執行された。弁護を担当したのは、横浜弁護士会で三十代半ばの柴田《しばた》次郎《じろう》だった。

柴田は戦後の法務省の聞き取り調査で「米の弁護人もこの事件では大いに力こぶを入れてくれた。しかし、米本国の世論が大きく反響しておってどうにもならなかった。私はこの裁判はこの二人だけの裁判でなく、日本全体が裁判されていたという気持がした」（国立公文書館資料）と述懐している。

三大事件以外では、捕虜収容所の虐待で所長や職員が裁かれたケースがほとんどだった。

太平洋戦争中、日本は国内に約百三十カ所の収容所を設け、アジアの各地などから連れてきた連合国軍の捕虜約三万六千人を収容した。国内の労働力不足を補うため、炭鉱や工場などで捕虜を働かせ、病気や労働、虐待などで一割の約三千六百人が死亡したとされる。その死亡に寄与したとして収容所長らが裁かれた。

ただ、起訴状では、被告が捕虜を「殺害した」とはせず、「死亡に寄与した」という表現がしばしば用いられた。

米第八軍法務部で再審査官を務めたアルバート・ライマン弁護士は、法律誌に寄稿した「再審査官が横浜戦犯法廷を再審査する」で、「死亡に寄与」の定義が法的に問題となったと指摘する。収容所で捕虜の死亡原因には放置、薬の不足、不適切な食事、殴打、虐待があるとして、関与した複数人のうち誰にどの程度の責任があり、誰が捕虜の死を早めたかが問われた。「裁判は常にその用語の定義に悩まされた」と記している。

横浜裁判について事件の分類の仕方はさまざまだ。ライマン弁護士は捕虜収容所での虐待と、不時着した搭乗員の虐待に大別する。

また、GHQが編纂《へんさん》した日本占領の「正史」では、捕虜虐待、捕虜を乗せた輸送船での死亡、憲兵隊の関与、航空機撃墜・搭乗員の殺害、医師（生体解剖、実験）の関与、報復行為の六つに分けている。

三百三十一件のケースは多種多様で、戦争のリアルが詰まっていてケーススタディのようだ。

間部俊明弁護士は「国民の間で横浜裁判の理解が深まり、実態を広く共有できれば、戦争の惨禍を繰り返さないという憲法前文の決意につながるのではないか」と訴えている。

命令を拒否すれば処罰、従えば戦犯

東南アジアのフランス領インドシナで米兵捕虜を殺害した罪に問われた横浜裁判のケースでは、被告の嘆願書に次のような記述がある。

「わが国の軍隊教育は上官の命《めい》には絶対無限の服従を強《し》いられ、個人を滅却《めっきゃく》されたのでありなす。上司の命に背《そむ》けば重刑に処せられるものですから、部下は人格を失して機械視され、その自由は剝奪《はくだつ》されたのであります」

軍隊で部下の行為は、上官の命令に従っただけだから免責すべしという「上官命令の抗弁」の論理だ。横浜裁判ではいくつものケースで、弁護側がこうした主張を展開した。

東京憲兵隊による捕虜虐待事件で五人の被告が裁かれたケースで、補佐役の弁護人を務めた阪埜《ばんの》淳吉は三十代半ばのゴッツマン主任弁護人に、日本軍における命令と服従の関係を説明するため、一週間かけて問答を重ねた。

ゴッツマン「上官が強姦《ごうかん》して来いと言ったらどうするのか」

阪埜「不条理な命令に対して意見具申《ぐしん》を行うことは許されている。しかし、それでも命令されたら服従せざるを得ないのだ。しかしその行為に対しては命令者が責任を負うべきものであって、実行者は免責される。実行者は機械である。判断力はない」
ゴッツマン「そんなことをしたら、下級者は、皆上官の命令だと言って罪を免れることになるのではないか」
阪埜「それは違う。命令されないことを命令されたという虚言を論じているのではない」

日本軍で命令の拒否は抗命罪《こうめいざい》に当たり「敵前なるときは死刑または無期若《も》しくは十年以上の禁錮《きんこ》」などと定められていた。だが横浜裁判では、上官の命令に従った部下を無罪放免にはしなかった。

米軍が定めた戦争犯罪被告人裁判規程では「被告人の上司または政府の命令による行為は、抗弁とはならないが、委員会において正義が要求するものと認める場合は、刑の減刑のために考慮することができる」とした。

法務省の出張報告書によると、元海軍大佐で法務省参与の豊田隈雄《とよだくまお》は、横浜裁判で上官だけでなく部下も有罪とされていくことに困惑したと語っている。

「裁判続行中、GHQから復員庁の私の処《ところ》へ、『不法な命令に対する責任如何《いかん》』の諮問《しもん》が来て、回答に当惑したことがある。日本の軍隊では『命令』と言うからには、『不法な命令』などないはずであった。（中略）命令した人も実行した人もどんどん罪になったことが、日本側の弁護を混乱させ……」

日本軍において部下は上官の命令を拒否すれば処罰され、従えば戦後に米軍から戦犯として処罰された。

ＢＣ級戦犯法廷を研究する関東学院大学の林博史《はやしひろふみ》教授は、著書『ＢＣ級戦犯裁判』（岩波新書）で問いかけている。

「上官の命令の問題は軍隊だけの問題ではない。会社員や公務員にとっても日常的にある問題でもある。上司に違法行為を命じられたとき、あるいは会社や組織が違法なことをおこなっていることに気がついたとき、どうするのか」

一方で、上官があずかり知らないところで、部下が捕虜虐待などの戦争犯罪（違法行為）をした場合、上官はどこまで責任を取る必要があるのかも論点となった。

横浜弁護士会に所属した松谷竹二郎弁護士は、フィリピンのコレヒドール島での米兵殺害事件で弁護を担当し、上官責任に言及している。

「自分は知らなかったが、部下のしたことだから、自分が責任を負うというのが本当だと思った」

理想的にはそうかもしれないが、実際は個々の事例に即してケースバイケースだろう。

米第八軍法務部で再審査を担当したアルバート・ライマン弁護士は「軍事法廷で常に生じる悩ましい法的問題」の一つとして、上官責任を挙げている。

部下が予期せぬ非道な行為をした場合に「上官はどの範囲まで責任があるだろうか」と投げかけ、責任を負うべきケースを一般論として列挙している。

「何らかの方法で知らされていたか、事案に気付いていたか、把握しておくべきだったか、それを防げる立場にあったか、あるいはその防止に失敗したか」

部下の継続的な行為が上官の責任に転嫁される場合もあるとしつつ、上官責任は「各事件に特有の状況で決まる」と述べるにとどめている。

組織における指揮命令系統と責任の問題は、時代を超えて古びることはない。

横浜裁判の記録には命令と責任をめぐる幾多の事例が冷凍保存されている。記録を掘り起こして解凍し、次の世代に伝えていく意義はここにある。

第六章

黒塗りの戦犯裁判記録を追いかけて

「黒塗り」と「要審査」

忘れられた横浜裁判の記録に手を伸ばそうとした私の前に立ちはだかったのは、「黒塗り」と「要審査」の壁だった。

皇居のお堀端に建つ東京都千代田区の国立公文書館《こうぶんしょかん》。一九五九年に日本学術会議から設置の勧告を受け、一九七一年に誕生した内閣府所管の「ナショナル・アーカイブ」だ。国の行政機関などの公文書のうち、歴史資料として重要な公文書を保存して公開している。二〇一九年現在で古文書《こもんじょ》を含めて約百五十万冊を所蔵し、昭和天皇が発した「堪《た》え難《がた》きを堪え、忍《しの》び難きを忍び」の一節で知られる「終戦の詔書《しょうしょ》」の原本もある。

私は法務省から一九九九年に移管された約六千冊の「戦争犯罪裁判関係資料」の一部を読むため、公文書館に足を運んだ。

閲覧室のパソコン端末からキーワードで検索すると、「横浜裁判・第1号事件（1名）」などと所蔵資料が表示される。だが第一号とはどの事件で、一名が誰なのかが分からない。

そこで「米国戦争犯罪裁判概見表」という一覧表を請求すると、事件番号、被告の氏名、起訴の概要、判決内容などが網羅《もうら》されている。氏名などを手がかりに、調べたいケースが第何号事件なのか番号を確認し、該当の資料を画面に表示する。

次の関門は資料の公開状況だ。画面には「利用制限の区分」の項目があり、「公開」「部分公開」「要審査」「非公開」と扱いが分かれている。公開と部分公開の資料は即日で閲覧できるが、要審査と非公開の資料は利用請求書を提出し、利用決定の通知を待たなければならない。通知が届くまでの審査期間は原則、三十日以内とされる。

私が調べたい事件のうち、一つは要審査の扱いだった。複数の被告が合同で裁かれ、死刑判決はなく、有期刑や無罪が言い渡されたケースだ。三十日以内に回答が来るならば待ってみようと思い、請求書を提出すると、窓口のスタッフが申し訳なさそうに返答した。

「当該資料は別の利用者がすでに開示請求していますが、三十日以内の審査期間が延長され、利用の決定が出るのは今から七カ月後です。まったく閲覧できないことはないと思いますが、七カ月後にまたご連絡します」

横浜裁判は一九四九年に終結し、すでに七十年以上が経過している。にもかかわらず、資料の閲覧を申し込んでから、さらに七カ月も待たねばならないのか。もし待ったとしても、資料がどの範囲で公開されるかは見通せない。「まったく閲覧できないことはない」というスタッフの言葉を裏返せば、一部でも読めたら御《おん》の字《じ》なのかもしれない。

戦犯裁判の記録なので、被告らの個人情報に対する一定の配慮は理解できる。だが、資料請求を受けてから七カ月かけて、公開の是非《ぜひ》や範囲を検討する仕組みは何とかならないのだろうか。

ここでは世間の感覚とは異なる悠久《ゆうきゅう》の時が流れているのかと、気が遠くなって私は天を仰いだ。

定まっていない「時の経過」の目安

私は公開か部分公開の資料に切り替え、国立公文書館のパソコン端末から利用請求書を印刷して窓口に提出した。ほどなくして、紙でとじた資料の一式が手渡された。ページをめくると、被告や関係者の氏名が黒塗りになっている。人名のすべてが黒塗りというわけではないが、複数の被告がいるケースでは誰が誰だか分からない。事件によっては登場人物の相関関係や構図を理解するのが困難だ。

例えば九州大学生体解剖《せいたいかいぼう》事件のように関連書籍があれば、予備知識を持って黒塗り部分を推定しながら読み解くこともある程度は可能だろう。だが、総数三百三十一件の横浜裁判は知られていない事件が圧倒的だ。

氏名の黒塗りは、個人のプライバシー保護が理由とされる。

公文書館の利用請求の審査基準では、基本方針として「時の経過を考慮してもなお利用

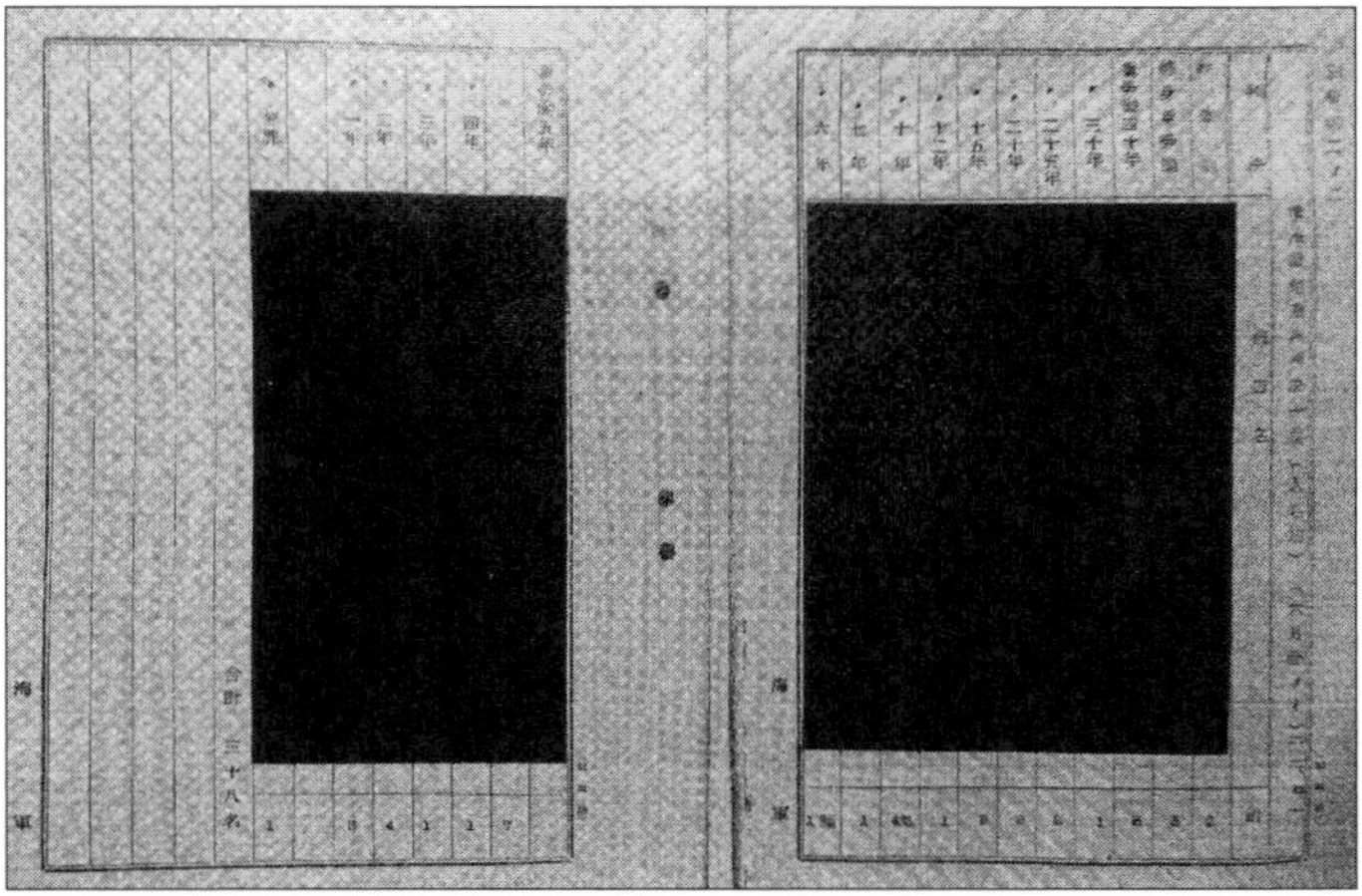

被告の氏名が黒塗りで開示された横浜裁判の記録

所蔵：国立公文書館

制限すべき情報がある場合に必要最小限の制限を行うこととする」と定めている。

戦犯裁判の記録の黒塗り対応に関し、私が公文書館に将来的な見直しの可能性を問い合わせると、審査基準に書かれた「時の経過やそれに伴う社会情勢の変化」次第だと説明された。「時の経過」の目安を知りたかったが、定まっていないとの回答だった。

起訴された千三十九人の中で、プライバシーを保護すべき存命の元被告はまだいるのだろうか。横浜裁判に詳しい関係者に尋ねたが、「分からない」「聞いたことがなく、もういないのではないか」という反応だった。

そもそも米軍占領下の軍事裁判で科された刑罰と、一般的な犯罪歴とは性質が異なる。また、裁判は公開で、当時の新聞は実名で報道していた。BC級戦犯をテーマにした学術研究が黒塗りのために阻害《そがい》されるデメリットはどうだろうか。冤罪《えんざい》と言えそうなケースでは資料の精査を通じて名誉回復の余地もあるが、黒塗りでは実態解明が阻《はば》まれて戦犯の烙《らく》印《いん》だけが残る結果になりかねない。

よく分からないのは、米軍の英文記録を国会図書館で閲覧すると黒塗りが皆無なのに、公文書館で同一の記録を閲覧すると黒塗りになっている点だ。これでは、公文書館がいかに黒塗りにしても個人情報保護の目的を達成していない。

外務省の外交史料館も氏名を黒塗りで開示するが、外交史料館と公文書館で同じ記録を閲覧して比較すると、黒塗りの箇所が異なっていた。公文書館で黒塗りの氏名が、外交史料館では実名ですんなり読める。

さらに言えば、公文書館で閲覧した記録で、あるページでは氏名が黒塗りの人物が、別のページでは実名のままだったことが何度かあった。記録の分量は膨大で、走り書きの小さな文字や旧字体もあるため、担当者が見落としたのではないかと推測された。

ノンフィクション作家の梯《かけはし》久美子《くみこ》は、公文書館で請求した資料が黒塗りだった経験を踏まえ「このままでは戦犯問題を歴史の中に位置づける作業が先送りになり、いつしか忘れられてしまうおそれがある」と警鐘《けいしょう》を鳴らす（毎日新聞、二〇二〇年八月三十日）。寄稿した文章のタイトルは「黒塗りでは忘れられる」。まさにその一言に尽きる。

公文書館の黒塗り対応をめぐり、一歩前進した形で開示する方策はないのか。横浜裁判を検証し、二〇〇四年に『法廷の星条旗』を上梓《じょうし》した神奈川県弁護士会の間部《まなべ》俊明《としあき》弁護士に見解を聞いた。

間部弁護士は「大学などの学術機関に所属する研究者や、弁護士会が調査・研究目的で請求する場合は、黒塗りなしで開示してはどうか」と提案。弁護士の立場から個人情報の保護は重要だとした上で「氏名が黒塗りだらけでは、ＢＣ級戦犯裁判を研究しようとする若手の人材も育たない」と懸念を示した。

請求の主体に研究者や弁護士のほか、報道機関も加えてほしいところだが、間部弁護士の提案は現実的で検討に値するのではないだろうか。

死蔵された裁判資料

法務省が保管していた横浜裁判の資料は、一九九九年に国立公文書館へ移管されるまで、ずっと非公開だった。

横浜裁判は原告が米国、被告は個人という構図だったため、米国は裁判記録を日本政府に渡さなかった。日本側に残された資料は被告や補佐役の日本人弁護士らが手元に保管していたもので、全国各地に散逸していた。

元海軍大佐で法務省参与だった豊田隈雄《とよだくまお》は著書『戦争裁判余録』（泰生社）で、横浜裁判を含むBC級戦犯の記録について次のように記している。

「A級被告の東京裁判に関する史料については、国内外の注視をあびただけに『まだまし』だったが、BC級戦犯にいたっては資料も情報も皆目わからなかった」

「戦争の残酷と悲惨を後世にのこす記録としても、BC級の記録こそが最もだいじだが、残念なことに、記録はまだ空白の部分が多い。とりわけ死刑の遺族の人たちは、夫が、父が、子が、なぜ死んでいったのか、その一身上に何が起こったのか、真相はどうだったのか、詳しいことは知らないままなのである」

そこで法務省は一九五五年から資料の収集を開始した。豊田と同じ法務省参与（厚生省引揚援護局法務調査室長）で元陸軍中佐の井上忠男《いのうえただお》らが中心となり、全国を回って関係者から資料提供を受け、聞き取りをした。十年以上にわたる調査の末、一九七〇年に「概見表」「統計表」「起訴事実調査表」「被起訴者名簿」「種別表」といった基礎資料を作成し、七三年に「戦争犯罪裁判概史要」をまとめた。

資料は一元的に管理されたが、法務省は民間から収集した資料を非公開とした。法務省は一九八一年、個人からの閲覧申請に対し、次のように門前払いしている。

「関係者が未だ生存し、社会的活動に従事しておられる現段階におきましては、直ちに現資料を一般に公開することは、関係者の名誉保護の観点から多大の問題が生ずるものと憂慮するのであります」（『ＢＣ級戦犯横浜裁判資料』不二出版）

こうして横浜裁判の資料は法務省内で死蔵され、長らく日の目を見ることがなかった。

黒塗りからマイクロ資料の山へ

私は国立公文書館を後にして、東京・麻布台《あざぶだい》の外務省外交史料館に向かった。外務省は一九九八年、自前の文書館に当たる外交史料館に文書を移し、横浜裁判を含むＢＣ級戦犯裁判の資料を保存・公開している。横浜裁判の開廷に至る外務省の対応や、外局の終戦連絡中央事務局のやりとり、戦犯釈放関連の資料などが含まれる。

ただ、外務省のウェブサイトに「BC級戦犯関係記録については、今日においても、未だ個人のプライバシーを損ねる惧《おそ》れが非常に高いことから、被疑者の氏名等を削除の上、公開しています」とあるように、氏名の一部は黒塗りで開示された。資料の利用区分も「部分公開」「要審査」などと制限され、公開のあり方は国立公文書館と変わらない。

黒塗りに辟易《へきえき》した私は、永田町の国立国会図書館に転じた。ここでは米軍による英文の法廷速記録などをマイクロフィッシュと呼ばれる透明なフィルムシートに圧縮保存し、公開している。一枚のシートにつき、約百枚の資料画像が碁盤目状に並ぶ。膨大な資料をコンパクトに収めるのに適した保存形態とされる。

四階の憲政資料室に入り、棚の目録資料やホームページから調べたい事件の請求記号を確認し、受付に申請用紙を提出した。職員からマイクロフィッシュのシートを受け取り、机上の専用読み取り機に置く。画面に資料がぼやけて表示されるが、数秒後にピントが定まる。次の資料に移るには手動でシートを小刻みに動かし、また数秒したらピントが合う。この作業を約百回繰り返せば、一シート分の閲覧が終わる。裁判記録は一つの事件で十枚を軽く超えるため、最低でも千回、五十枚なら五千回の作業となる。ページ移動の数秒間のピンぼけがストレス極まりない。

骨は折れるが、シートに資料の原本が圧縮保存されているから、被告らの氏名に黒塗りは一切ない。また、国会図書館所蔵の米軍の巣鴨プリズン文書には、収容されたA級戦犯やBC級戦犯の個人情報が収められ、顔写真や指紋が含まれている。その閲覧やコピーにも制限はない。

ただ文字が小さくて一部がかすれたり、つぶれたりして読みづらく、判読できない部分がある。不鮮明なアルファベットを端末の画面で凝視していると、たちまち眼精疲労に襲われる。その疲労たるや、一晩寝ても解消されないほどのダメージを受けた。

資料はコピーでき、持ち帰って紙で読むこともできる。ただ印刷は一枚当たり十六・五円で、枚数によって相応の費用がかかる。

国会図書館所蔵の横浜裁判の記録は「極東軍総司令部法務部（JAS）文書」に、公判の速記録や提出された証拠書類、判決後の再審査の文書、嘆願書などが含まれる。戦犯捜査を担当したGHQの「法務局（LS）文書」や、戦犯の個人情報を収めた「巣鴨プリズン（SP）文書」もある。すべて英文で、一つの事件だけで総数が数千ページに上ることも珍しくない。

個人で横浜裁判の三百三十一件の閲覧に挑もうとすれば、何年あっても時間は足りない。資料の山は頂《いただ》きが見えないほど高く、壁は厚いと感じた。

ドイツの情報公開との落差

日本の国立国会図書館は、米国国立公文書館などが所蔵する日本占領期の資料を複写して持ち帰り、公開する作業を何十年も続けている。

米国は一九七〇年、第二次世界大戦に関する政府文書の公開に踏み切った。この動きを受け、「サンケイ」（現・産経新聞）は「戦後三十年特別企画」と銘打ち、一九七五年六月二十四日から連載企画「米政府極秘文書を発掘する」を一面トップで始めた。「米極秘文書特別取材班」による連載は二十数回にわたり、初回は「憲法草案こうして作られたハッシー文書を新発見」との見出しが躍《おど》っている。一連の記事は国会図書館の職員の目に留まり、永田町でも一定の反響を呼んだ。

一九七七年三月十五日の衆議院内閣委員会で、自民党の中川秀直《なかがわひでなお》衆議院議員が質問に立った。のちに党幹事長や閣僚の要職を歴任するが、この時は日経新聞の政治部記者から転身し、前年に初当選したばかりの新人議員だった。

「最近米国において占領期の極秘文書がかなり年数がたってまいりましたので、どんどん公開をされております。中には非常にわが国にとって今後の行政の上でも参考になる資料がたくさん発表され始めてきております。これはぜひ政府において、それぞれ必要なときだけコピーにいくというのではなくて、一括収集をすべきではないか」

「極東軍事裁判の資料もございましょう、あるいは当時の日本政府から米政府に出したいろいろな公文書もありましょう。（中略）これからの日本の政治を考えていく上にも一種の宝の山とでも言うべきものがたくさんあろうかと思うわけでございます」

この質問に対し、国会図書館の宮坂完孝《みやさかさだたか》館長は、資料収集に前向きな答弁をしている。翌一九七八年から国会図書館は米国で資料収集を始めた。今も作業は継続中だ。そのおかげで、国会図書館には米軍が残した横浜裁判の記録一式がそろっている。

ただ、圧縮保存されたマイクロフィッシュの資料を請求し、専用の読み取り機で閲覧し、有料でコピーする作業は、利用者にとって時間も労力も金銭的にも負担が大きい。

どうにかならないものかと苦心していたところ、ある取材先が私に、ドイツのフィリップ大学のウェブサイトを教えてくれた。ドイツ中部のマールブルクに一五二七年に設立された伝統校だ。存在論で知られる哲学者のマルティン・ハイデッガーが一九二〇年代に教壇に立ち、留学した三木清《みききよし》（哲学者）はこの大学でハイデッガーに師事している。

ウェブサイトを見ると、横浜裁判の被告の氏名、判決、判決日が横に並び、判決後の再審査の文書が右端にＰＤＦで添付されている。

初期画面は氏名のアルファベット順で被告が上下に並ぶが、項目欄の判決をクリックすると、無罪、死刑、懲役の年数、終身刑など、判決の内容ごとに並び替わる。項目欄の判決日をクリックすれば、年月日の古い順に表示される。右端の再審査のＰＤＦ文書はクリック一つで開かれ、しかも無料だ。

再審査の文書には、事件ごとの審理の概要が記されている。被告のプロフィール、起訴事実の訴因、認否、判決、検察側と弁護側双方の主な主張がコンパクトにまとまり、再審査官の意見や勧告が付されている。

ドイツでは第二次世界大戦後、ナチスの戦犯を裁くニュルンベルク裁判を開いた。こうした経緯から、フィリップ大学は横浜裁判など他国の戦犯裁判の資料も収集して公開しているようだ。インターネット上で誰もが時間と場所の制約なしにアクセスできる。

フィリップ大学のウェブサイトを見た時、横浜裁判の記録の閲覧に悪戦苦闘していた私は衝撃を受けた。情報公開のオープンな姿勢、シンプルな一覧性、インターネットの利便性など、日本とは天地の差がある。

日本で黒塗りの壁やマイクロフィッシュ資料の山を前にすると、記録を読みたいという意欲がくじかれるだけだ。一方、フィリップ大学のサイトは当たり前の利用者目線が徹底されている。

日本の情報公開は所蔵機関の縦割りと運用基準のばらつきにより、利用者に不便な役所対応が今後も続くだろう。しかし、ドイツの一例のように、世界の情報公開ははるか先を進んでいる。

「記録が残されていてよかった」

ＢＣ級戦犯や横浜裁判に関する情報公開のあり方は、公文書管理をめぐる日本の遅れを象徴しているように見える。

そもそも国立公文書館の設置は、米国で第二次世界大戦前の一九三四年にさかのぼる。中国は戦後の一九五九年、韓国は一九六二年で、日本では遅れて一九七一年に設立された。米国は一九五〇年、公文書管理の基本法に当たる連邦記録法を制定。一九六六年、情報公開法に相当する情報自由法を整備している。

一方、日本では自治体が先に動く。一九八二年に神奈川県が都道府県で初めて、情報公開条例を設けた。

日本政府と国会の動きは、二十一世紀に入るころにようやく具現化した。「行政機関の保有する情報の公開に関する法律」、いわゆる情報公開法が一九九九年に成立し、二〇〇一年に施行された。米国に約三十五年も遅れている。

その後、情報公開法と車の両輪とされる公文書管理法の制定に尽力したのは、元首相の福田康夫《ふくだやすお》だった。地元の群馬県前橋市の終戦直後の写真を探していたが見つからず、米国国立公文書館で保管されていたのを見て、公文書管理に関心を抱いたという。公文書管理法は二〇〇九年に成立し、二〇一一年に施行された。

国立公文書館は二〇二一年に開館五十周年を迎え、「記録を守る　未来に活かす」を新たなキャッチコピーに掲げている。

横浜裁判に関し、「記録を守る」という点では、国立国会図書館、国立公文書館、外務省外交史料館に膨大な文書が残されている。ただ、資料は一元化されず、所蔵機関によって閲覧方法がまちまちだ。

私は各所蔵機関を回り、第一章の佐世保市のケースで約七千五百ページ、第二章の陸軍刑務所のケースで約一万ページ、第三章のカイリル島のケースで約四千ページを閲覧した。閲覧できるものはすべて読まないと、事件の全体像や細部の事実関係を見誤る可能性があり、手を抜くことができなかった。疲労困憊《こんぱい》の極みに達し、横浜裁判に深入りするのはもうやめようと思ったことが何度もあった。

研究者や弁護士、報道関係者、市民団体の有志などが、個々人で横浜裁判の調査研究に取り組むのは限界があると言わざるを得ない。そこで求められるのが地方自治体の役割だ。

地元の横浜市は一九七〇年代、『横浜の空襲と戦災』全六巻を刊行した実績がある。当時の常任編集委員には横浜市立大学教授、横浜市総務局長、横浜の空襲を記録する会事務局長らが名を連ね、官民の力を結集して「体験記編」「市民生活編」「公式記録編」「外国資料編」「接収・復興編」「世相編」にまとめ上げた。その資料の充実ぶりは今なお目を見張るものがある。横浜市は横浜裁判の歴史を若い世代に継承するため、わずかでもいいから力を振り向けてはどうだろう。

戦犯裁判には暗いイメージが伴うが、負の遺産としてふたをすべきではない。日本国内で唯一、横浜で開かれた米軍のBC級戦犯裁判には、国際法の重要性や戦争の惨禍《さんか》、捕虜《ほりょ》の涙や戦犯の悲哀が詰まっている。横浜から後世に語り継ぐべき教訓に満ちた歴史的資産と捉《とら》え直すべきだ。

横浜裁判の記録には有名な戦史や、大物が登場する場面はほとんどないが、上官の命令や組織の狭間《はざま》で、あなただったらどうしますかという普遍的な問いがちりばめられている。

BC級戦犯裁判は太平洋戦争後、米国、英国、オランダ、フランス、オーストラリア、フィリピン、中国の七カ国が計四十九カ所で開き、元日本兵ら約五千七百人が裁かれ、九百人超に死刑が執行された。ソ連も七三一《ななさんいち》部隊を追及したハバロフスク裁判などを開いたが全体像は不明で、一説には約三千人が裁かれたとも言われる。

七カ国の法廷を比較すると、起訴に対する死刑執行の人数の割合は、米国だけが一〇パーセントを下回って最も低い。死刑執行の人数でも、米国は横浜裁判の五十一人を含めて計百四十人だが、オランダは二百二十六人、英国は二百二十三人、オーストラリアは百五十三人、中国は百四十九人、フランスは二十六人、フィリピンは十七人に上る（田中宏巳『BC級戦犯』ちくま新書）。勝者の裁きとして単に米軍を批判するのではなく、冷静な比較の視点が不可欠だ。BC級戦犯裁判の世界はとてつもなく奥深い。

一連の取材を振り返り、私の心に最も強く残っているのは、広田弘太郎《ひろたこうたろう》さんの言葉だ。東京裁判でA級戦犯とされて刑死した広田弘毅《こうき》元首相の孫に当たる。一九三八年生まれで元商社マンの弘太郎さんは米軍の公文書の発見により、祖父が太平洋に散骨された事実を知った。そして弘太郎さんは、冷静にゆっくりと言葉を選んで、私にこう言った。

「記録が残されていたことはよかったと思います。記録がなければ正確な事実は闇《やみ》から闇へ葬《ほうむ》られていました。米国は秘密保護期間の満了後も廃棄せず、きちんと保存していることが分かります」

旧約聖書の「コヘレトの言葉」は私達に語りかける。

「かつて起こったことは、これからも起こる。太陽の下、新しいものは何ひとつない」

総数三百三十一件の横浜裁判の記録には、日本社会のさまざまな組織や現場で姿形は変われど、「これからも起こる」事例が詰まっている。

残された膨大な記録を活用し、未来にどう生かすかは私たちの手にかかっている。

あとがき

赴任先の横浜に向かう際、私の脳裏に浮かんだのは、二十代の駆け出しの頃に取材のイロハを教えてくれた横浜出身の元上司の言葉だった。

「問題意識とテーマを持て」

「図書館の郷土資料を読め」

「その地域や分野のキーパーソンを見つけろ」

ほかに教えはいくつもあったが、すぐに思い出したのは、この「三カ条」だった。

私はさっそく、横浜を舞台にした本を読み始め、笹本妙子《ささもとたえこ》著『連合軍捕虜《ほりょ》の墓碑銘』と、横浜弁護士会著『法廷の星条旗――BC級戦犯横浜裁判の記録』を手に取った。

前者は、戦争中の捕虜の実態を調べる市民団体「POW研究会」のメンバーの著者が、横浜市保土ケ谷《ほどがや》区の「英連邦戦死者墓地」に眠る捕虜《ほりょ》の物語を掘り起こした労作だ。

すぐに墓地へ足を運ぶと、手入れが行き届いた広大な芝生に、氏名、階級、年齢、命日を記した墓碑が整然と並んでいた。太平洋戦争中に日本軍の捕虜となり、日本国内の収容所などで死亡した英国、オーストラリア、ニュージーランド、カナダ、インドの約千八百人の兵士が眠っているという。軍の決まりで遺体や遺骨は母国に送還されず、横浜が終焉《しゅうえん》の地となったのだった。これまで英国のエリザベス女王やダイアナ元皇太子妃、ウィリアム王子らも来日した際に慰霊のため訪れている。

墓碑の年齢を見ると二十代や三十代が多い。遺族の英文メッセージも刻まれており、私は足を止めて一つ一つ読んで回った。

「私の息子よ、静かに眠れ。父より」

「あなたは遠くに行った。でも記憶からあなたを消し去ることなどできない。母より」

「いつの日か人生の旅路が終わる時、私たち兄弟は再び会えるだろう」

「世界にとってあなたは一人の存在にすぎないが、私にはあなたが世界の全《すべ》てだった」

横浜に赴任して約一カ月後、ＰＯＷ研究会が東京の日本外国特派員協会の一室でシンポジウムを開くと知り、参加を申し込んだ。その場でゲストとして講演していたのが、神奈川県弁護士会の間部俊明《まなべとしあき》弁護士で、『法廷の星条旗』を執筆した中心メンバーだった。

以来、ＰＯＷ研究会の会員からいつも声をかけてもらい、英連邦戦死者墓地で毎年夏に開かれる追悼《ついとう》礼拝や、第一次大戦の終結を記念する十一月の「リメンバランス・デー」の取材に赴《おもむ》いた。職場から徒歩数分の間部弁護士の事務所にも足を運ぶようになった。同じ横浜で、捕虜と戦犯の双方の視点から民間有志が調査していることが興味深かった。

私は職場の担当分野と並行し、個人的なテーマとして記事を書き始めた。

「戦没捕虜１８００人を追悼　横浜の英連邦墓地」（配信は二〇一九年八月三日）
「被爆死捕虜の無念知って　長崎で犠牲、横浜に眠る」（同年八月八日）
「ＢＣ級戦犯、黒塗り解除を　横浜裁判、終結から70年」（同年十二月五日）
「青春と苦悩、亡き父の足跡　オランダ人捕虜の息子訪日」（同年十二月六日）
「ＢＣ級戦犯、審理検証　国内唯一の『横浜裁判』」（二〇二〇年七月十八日）
「捕虜虐待現場、今は観光地　『横浜裁判』終結71年」（同年十月十九日）
「横浜で第1次大戦慰霊祭　英連邦墓地、大使ら参列」（同年十一月八日）
「軍事裁判の写真１６６０枚　米公文書館で研究者入手」（同年十二月五日）
「Ａ級戦犯、太平洋に散骨　米軍将校『私がまいた』」（二〇二一年六月六日）
「Ａ級戦犯の処刑報告書発見　米軍作成『正確に執行』」（同年八月十一日）
「ＢＣ級戦犯12人も散骨か　東条元首相ら関与の将校」（同年十二月二十二日）

取材の過程で、日本大学生産工学部の高澤弘明《たかざわひろあき》先生と出会ったことが決定的だった。横浜裁判を研究する高澤先生は、A級戦犯を太平洋に散骨した米軍将校の記録を米国国立公文書館で発見し、ご厚意で提供してくださった。高澤先生の真摯《しんし》な研究姿勢に接し、公文書の世界の一端に触れることができたのは、私の記者人生にとってかけがえのない経験となった。

二〇二二年が明け、再び異動の時期が訪れた。元上司の教えを胸に単独飛行を続けてきた日々に区切りを付ける時が来た。

横浜でお世話になった上司や先輩ら同僚はもとより、取材で知り合うことができた皆さまに厚く御礼を申し上げたい。

本書を世に送り出してくれたdZEROの松戸さち子社長には心の底から感謝している。

最後に、私の執筆を温かく見守ってくれた妻子、北九州市で暮らす両親、そして戦争の時代を生き抜いた亡き祖父母にありがとうと伝え、筆を擱《お》きたい。

野見山《のみやま》 剛《たけし》

〈第五章〉
大倉忠夫『奄美・喜界島の沖縄戦』高文研, 2021年
大倉忠夫「墓標」『自由と正義』47巻11号（11月号）, 日本弁護士連合会, 1996年
横浜弁護士会BC級戦犯横浜裁判調査研究特別委員会『法廷の星条旗』日本評論社, 2004年
横浜弁護士会編『横浜弁護士会史　上巻』横浜弁護士会, 1980年
清永聡『戦犯を救え』新潮新書, 2015年
大岡昇平『ながい旅』角川文庫, 2007年
林博史『BC級戦犯裁判』岩波新書, 2005年
飛鳥田一雄『飛鳥田一雄回想録』朝日新聞社, 1987年
巣鴨法務委員会編『戦犯裁判の実相』巣鴨法務委員会, 1952年

〈第六章〉
豊田隈雄『戦争裁判余録』泰生社, 1986年
岩川隆『孤島の土となるとも　BC級戦犯裁判』講談社, 1995年
大江洋代, 金田昌敏「国立公文書館所蔵『戦争犯罪裁判関係資料』の形成過程とBC級戦争裁判研究の可能性」『歴史学研究』第930号, 2015年
金田昌敏「当事者不在のBC級戦犯と公文書」『歴史学研究月報』第740号, 2021年
国立国会図書館利用者サービス部『参考書誌研究』第77号, 国立国会図書館, 2016年
田中宏巳『BC級戦犯』ちくま新書, 2002年
日本聖書教会『聖書　新共同訳』2006年

磯村英一『私の昭和史』中央法規出版, 1985年
坂邦康編著『横浜法廷』東潮社, 1967年

〈第三章〉

田中宏巳『マッカーサーと戦った日本軍』ゆまに書房, 2009年
鎌田真弓編『日本とオーストラリアの太平洋戦争』お茶の水書房, 2012年
菊池一隆『日本軍ゲリラ台湾高砂義勇隊』平凡社新書, 2018年
外山操『陸海軍将官人事総覧（海軍篇）』芙蓉書房, 1981年
上坂冬子『遺された妻』中央公論社, 1983年
海軍機関学校出身戦後殉国者遺芳録刊行委員会編『海軍機関学校出身戦後殉国者遺芳録』海軍機関学校海軍兵学校舞鶴分校同窓会, 1984年
Albert Lyman「A Reviewer Reviews the Yokohama War Crimes Trials」『Journal of the Bar Association of the District of Columbia 17』 1950

〈第四章〉

花山信勝『平和の発見』方丈堂出版, 2008年
殉国六十烈士編纂委員会『嗚呼殉国六十烈士』殉国六十烈士奉讃会, 1974年
横浜三中　三高　緑高六十年史編集委員会編『横浜三中・三高・緑高六十年史』神奈川県横浜緑ヶ丘高等学校, 1983年
『秘録大東亜戦史　第6（原爆国内・東京裁判篇）』富士書苑, 1954年
横浜市ふるさと歴史財団近現代歴史資料課市史資料室担当編『占領軍のいた街』横浜市史資料室, 2014年
上坂冬子『巣鴨プリズン13号鉄扉』新潮社, 1981年
上坂冬子『償いは済んでいる』講談社, 1995年
大須賀・M・ウィリアム, 大須賀照子・逸見博昌訳『ある日系二世が見たBC級戦犯の裁判』草思社, 1991年
John L. Ginn『Sugamo Prison』McFarland Publishing, 2011
アーノルド・C・ブラックマン, 日暮吉延訳『東京裁判』時事通信社, 1991年
春名幹男『秘密のファイル』上・下巻, 共同通信社, 2000年
徳本栄一郎『1945日本占領』新潮社, 2011年
W・J・シーボルト, 野末賢三 訳『日本占領外交の回想』朝日新聞社, 1966年
Edward Steere, Thayer M. Boardman『Final disposition of World War II Dead, 1945-51』Historical Branch, Office of the Quartermaster General, 1957
横濱まちづくり倶楽部編『横濱の通になる本』横濱まちづくり倶楽部, 有隣堂, 2006年
John Coster-Mullen『Atom Bombs』self-published, 2015

共同通信社社史刊行委員会編『回想　共同通信社50年』共同通信社, 1996年
横浜市・横浜の空襲を記録する会編『横浜の空襲と戦災5』横浜市, 1977年

〈第一章〉
「BC級（アメリカ裁判関係）横浜裁判・第137－1号事件」国立公文書館所蔵
「BC級（アメリカ裁判関係）横浜裁判・第137－2号事件」国立公文書館所蔵
Paul E. Spurlock「The Yokohama War Crimes Trials」『American Bar Association Journal Vol. 36 No.5』American Bar Association, 1950
宮内庁編『昭和天皇実録　第八巻』東京書籍, 2016年
ジョージ・ウェラー，小西紀嗣訳『ナガサキ昭和20年夏』毎日新聞社, 2007年
NHK取材班, 北博昭『戦場の軍法会議』（NHK出版, 2013年）
奥住喜重, 工藤洋三『ティニアン・ファイルは語る』私家版, 2002年
チャールズ・W・スウィーニー，黒田剛訳『私はヒロシマ、ナガサキに原爆を投下した』原書房, 2000年
Frederick L. Ashworth, Jr『The Weaponeer』Independently published, 2019
Robert Krauss『The 509th Remembered』509th Press, 2005
Jacob Beser『Hiroshima and Nagasaki Revisited』Global Pr, 1988
秦郁彦『八月十五日の空』文春文庫, 1995年
秋吉美也子『横から見た原爆投下作戦』元就出版社, 2006年
笹本妙子「福岡第18分所—佐世保・相当ダム」POW研究会調査レポート, http://www.powresearch.jp/jp/pdf_j/research/fk18_soutou_j.pdf
我妻源二郎『米寿に乾杯「回想録」』私家版, 1993年
陸軍兵器行政本部編『軍事と技術』軍事工業新聞出版局, 1933年5月号
夏目漱石『こゝろ』新潮文庫, 1952年

〈第二章〉
「BC級（アメリカ裁判関係）横浜裁判・第271－1号事件」国立公文書館所蔵
「BC級（アメリカ裁判関係）横浜裁判・第271－2号事件」国立公文書館所蔵
吉田茂『回想十年』全4巻, 東京白川書院, 1982年
吉田茂『日本を決定した百年』中公文庫, 1999年
吉田茂『大磯随想』中公文庫, 2001年
吉田茂記念事業財団編『吉田茂書翰』中央公論社, 1994年
東輝次『私は吉田茂のスパイだった』光人社, 2001年
猪木正道『評伝吉田茂　下』読売新聞社, 1981年
大谷敬二郎『にくまれ憲兵』日本週報社, 1957年
大谷敬二郎「吉田茂逮捕の真相」『日本週報』昭和29年9月25日号, 1954年

参考文献

〈全体〉
「極東軍総司令部法務部（JAS）文書」国立国会図書館憲政資料室所蔵
「法務局（LS）文書」国立国会図書館憲政資料室所蔵
「巣鴨プリズン（SP）文書」国立国会図書館憲政資料室所蔵
「占領軍内線電話帳」国立国会図書館憲政資料室所蔵
「Special Study of the Yokohama War Crimes Trials, December 1945-September 1947」国立国会図書館憲政資料室所蔵
「戦争犯罪裁判関係資料」国立公文書館所蔵
茶園義男『BC級戦犯横浜裁判資料』不二出版, 1985年
茶園義男『GHQ（マ元帥）処刑命令書』上・下巻, 不二出版, 1992年
茶園義男『日本占領スガモプリズン資料5　米軍管理文書　上』日本図書センター , 1992年
田中宏巳編『BC級戦犯関係資料集』緑蔭書房, 2012年
竹前栄治, 中村隆英監修『GHQ日本占領史第5巻　BC級戦争犯罪裁判』日本図書センター , 1996年
巣鴨遺書編纂会『世紀の遺書』講談社, 1984年
半藤一利ほか『BC級裁判を読む』日本経済新聞出版社, 2010年
戸谷由麻『不確かな正義』岩波書店, 2015年
日暮吉延『東京裁判』講談社現代新書, 2008年
森田石蔵, 藤井晃監修『スガモ・プリズンの回想』私家版, 2005年
東京裁判ハンドブック編集委員会編『東京裁判ハンドブック』青木書店, 1989年
笹本妙子『連合軍捕虜の墓碑銘』草の根出版会, 2004年

〈まえがき〉
上坂冬子『貝になった男』文藝春秋, 1986年

〈序章〉
新政治研究会編『戦時下の国民におくる近衛首相演説集』東晃社, 1940年
南大東村誌編集委員会編『南大東村誌　改訂』南大東村, 1990年
竹前栄治『GHQ』岩波新書, 1983年
日本コカ・コーラ株式会社社史編纂委員会編『愛されて30年』日本コカ・コーラ, 1987年

［本文写真提供・撮影］
国立国会図書館
横浜市史資料室
高澤弘明
共同通信社
国立公文書館
野見山剛

［著者略歴］
共同通信社記者。1982年、福岡県北九州市に生まれる。筑波大学国際総合学類卒業後、共同通信社入社。立川分室、静岡支局、宮崎支局、福岡支社編集部を経て2013年から政治部へ。2019年から横浜支局配属となり、「BC級戦犯裁判」（横浜裁判）の取材を開始する。2021年、昭和史の謎の一つだったA級戦犯の遺骨の行方をスクープ。「A級戦犯、太平洋に散骨　米軍将校『私がまいた』」の見出しで記事が配信された。

若者《わかもの》たちのBC級戦犯裁判《ビーシーきゅうせんぱんさいばん》
さまよう責任《せきにん》と埋《う》もれた無念《むねん》

著者　野見山剛《のみやまたけし》

2022年6月9日　第1刷発行

装丁　木下悠

発行者　松戸さち子

発行所　株式会社dZERO
http://dze.ro/
千葉県千葉市若葉区都賀1-2-5-301 〒264-0025
TEL: 043-376-7396 FAX: 043-231-7067
Email: info@dze.ro

本文DTP　株式会社トライ

印刷・製本　モリモト印刷株式会社

落丁本・乱丁本は購入書店を明記の上、小社までお送りください。
送料は小社負担にてお取り替えいたします。
価格はカバーに表示しています。
978-4-907623-52-4